Das Buch

»Als junger Mann bin ich in den zwanziger Jahren zum erstenmal allein in Berlin gewesen, und für einen Hinterwäldler, wie ich einer war, war das auch ohne eigentliches Abenteuer abenteuerlich genug.« Nach dieser Einleitung erzählt Eugen Roth, was er dennoch erlebt hat, nachdem er spät abends in einem Kaffeehaus gelandet war. Es ist eine von vielen in diesem Band versammelten Anekdoten, in denen Eugen Roth glückliche, aber auch enttäuschende Augenblicke in seinem Leben festhält, von seiner Kinder- und Jugendzeit erzählt, von den ersten schriftstellerischen Erfolgen, von Erlebnissen auf Lesereisen und solchen mit seinen beiden Söhnen. Es bleibt nicht aus, daß er dadurch auch im Leser Erinnerungen wachruft ...

Der Autor

Eugen Roth wurde am 24. Januar 1895 in München als Sohn des Schriftstellers Hermann Roth geboren. Im Ersten Weltkrieg erlitt er eine schwere Verwundung. Nach dem Studium (Germanistik, Geschichte und Kunstgeschichte, Dr. phil. 1922) war Eugen Roth bis 1933 als Redakteur an den ›Münchner Neuesten Nachrichten‹ tätig. Bis zu seinem Tod am 28. April 1976 lebte er als freier Schriftsteller in seiner Heimatstadt, die ihm 1952 den Kunstpreis für Literatur verliehen hat. Seine Bücher (u. a. ›Ein Mensch‹ 1935, ›Die Frau in der Weltgeschichte‹ 1936, ›Der Wunderdoktor‹ 1938) sind in Millionen von Exemplaren verbreitet.

D1340552

Inhalt

Erinnerungen eines Vergeßlichen

Wegen übler Nachrede kann man sogar gerichtlich belangt werden. Vorreden, wohl oder übel, werden meistens überhaupt nicht gelesen. ›Erinnerungen eines Vergeßlichen‹ – das ist ein bißchen untertrieben. Notfalls habe ich ein Elefantengedächtnis, und ich könnte vieles erzählen, was gewichtiger ist als die harmlosen Geschichten, die ich hier bringe. Aber da käme ich wieder in den Bereich der üblen Nachrede. Über die noch Lebendigen was zu sagen ist gefährlich, über die Toten soll man nichts als Gutes sprechen – also kann man sich das Schimpfen sparen, obwohl der Leser den Klatsch am liebsten hat.

Gemessen an dem, was Zeitgenossen in diesen überwiegend scheußlichen Jahren mitgemacht haben, sind meine Erlebnisse belanglos. Jedes Buch voller Abenteuer, jede Nummer einer Tageszeitung ist spannender und zeigt die Welt, wie sie, leider, ist – ich schildere nur, wie sie war. Und mit den Großen kann ich mich, als Anekdotenerzähler, schon gar nicht messen. Wer aber, dies zur Entschuldigung, gibt heute noch, am Stammtisch etwa, ein rundes Histörchen zum besten, wie es gewiß noch dem Johann Peter Hebel vergönnt war, der dann freilich Goldstücke der deutschen Dichtung daraus machte.

Die Anekdote, so sagt man, entschärft die Welt. Allerdings braucht sie dazu einen naiven Leser, der noch nicht durch die Forderungen der jüngsten Literatur verdorben ist – wie sich ja auch der Schreiber einfältiger stellt, als er ist. Das meiste bezieht sein Recht, gedruckt, gelesen und vielleicht gar gelobt zu werden, aus dem schlichten Umstand, wahr zu sein, im Alltag erlebt, nicht verfremdet und nicht schöngefärbt.

Und noch eins: ohne die Liebe ist alles nichts. Solche kleinen Geschichten muß man mögen, hochgestochenen Ansprüchen sind sie nicht gewachsen.

»Und gib mir ja acht, daß du die Briefkästen nicht verwechselst!«
rief mir mein Vater nach, wenn er mich, die kleinen Hände mit
Postsachen überhäufend, an die Straßenecke schickte. Dort war
neben dem gelben der Reichspost auch der blaue Kasten der
Privat-Stadtpost angebracht. Alle Münchner Sendungen wurden
durch diese Anstalt weit billiger (um ein Drittel oder gar um die
Hälfte) befördert. Es gab auch eigne Marken, ich erinnere mich
ihrer wohl, sie trugen in einem Kreis das Münchner Kindl mit der
Umschrift: »Courier. Privat-Stadtpost.«

Ich kann es kaum glauben, daß schon am 1. April 1900 diese
»Post des armen Mannes« ihr Ende gefunden haben soll – denn
ich war damals ja erst fünf Jahre alt.

Nicht viel älter freilich werde ich gewesen sein, als es galt, weit
schwierigere Botengänge auszuführen. Auf dem Redaktions-
stuhl, den ich ein Vierteljahrhundert später einnehmen sollte,
thronte damals Georg Baumgärtner, so finster und so bleich, ein
ewiger Nörgler. Die Berichte meines Vaters trug ich nun wiesel-
flink von der Augustenstraße in die fürchterliche Stube am Fär-
bergraben. »Viel zu lang! Viel zu spät«, so lautete das ständige
Urteil des unfreundlichen Schwaben, der nie ein Lob für meine
Dienste hatte, die mir so manchen Nachmittag oder Abend
verdarben. Es gab auch Tage, wo ich zwei- und dreimal den
faden und gefährlichen Weg durch die Altstadt laufen mußte.

Auch später war der Gang noch oft zu tun; jedes Familienmit-
glied, jeden Gast suchte mein Vater dafür einzuspannen; meist
kleidete er sein Ansinnen in die Scheinfrage, ob man nicht zufällig in die Gegend komme ...

Neben den ›Münchner Neuesten‹ bediente mein Vater auch
noch die andern Blätter der Stadt mit Nachrichten; ich lernte die
grauen, freudlosen Winkel kennen, wo die Papier-Maulwürfe
alle hausten; an die Zeitungspaläste unsrer Tage darf man da
natürlich beileibe nicht denken. Da war der ganz verwahrloste
Betrieb der ›Neuen freien Volkszeitung‹ in der Augustenstraße,
der düstere Hof des ›Bayerischen Kuriers‹, gleich hinter den
›Neuesten‹, die alte ›Augsburger Abendzeitung‹ und die
›Münchner Zeitung‹ beim späteren Holzkirchner Bahnhof und
zuletzt die dunkle Treppe des Hauses in der Frauenstraße, in
dem die ›Bayerische Staatszeitung‹ untergebracht war. Ich kann
wirklich sagen, daß ich von der Pike auf gedient habe.

Besondere »Husarenstückchen« galt es zu vollbringen, wenn,

buchstäblich in letzter Minute, Briefe nach auswärts zu bestellen waren. Die ganze Familie, das »Schreibfräulein«, der Sekretär, das Dienstmädchen und womöglich auch ein zufälliger Besucher waren bemüht worden, auf dem Hektographen (ursprünglich dem noch gräßlicheren Schapirographen) die eiligen Niederschriften meines Vaters zu vervielfältigen und in die Umschläge für den ›Fränkischen Kurier‹, den ›Geselligen‹ in Graudenz und ähnliche Provinzblätter zu stecken, die vielleicht, gegen eine Pauschalgebühr von einer Mark, einen Bericht »ihres Münchner Korrespondenten« abdrucken würden.

Und dann wurde ich losgejagt, das Bahnsteig-Zehnerl und eine Tüte billiger Zigarren in der einen, die Briefe in der andern Hand. Ich sauste nur so durch die Augusten- und Dachauer Straße. Der eiligste Brief – es war schier hoffnungslos, ihn noch an den Mann zu bringen – mußte dem Zug-, notfalls sogar dem Lokomotivführer des Zuges nach Nürnberg übergeben werden, mit einer Zigarre und der flehenden Bitte, ihn doch an Ort und Stelle zu besorgen. Der gemütliche, von Ruß und Schweiß glänzende Kopf des einen oder andern schwarzen Mannes ist mir heut noch im Gedächtnis, wie er sich herunterneigte, wenn er endlich im zischenden Dampf meine atemlose Piepsstimme gehört hatte; grinsend nahm er Brief und Zigarre entgegen – oft freilich aber war's um Sekunden zu spät –, die Räder rollten schon, und vergebens, unter quellenden Tränen ob meines Mißerfolgs, schwenkte ich den Umschlag.

Für den nächsten Zug, etwa nach Kassel, hatte ich dann ein Weilchen Zeit, auszuschnaufen. Er führte auch einen Postwagen mit, und die Schwierigkeit war nur, die bereits eifrig sortierenden Männer aufmerksam zu machen. Der Rest der Briefe aber wurde in die Hopfenstraße getragen, wo freilich damals noch kein öffentlicher Kasten war, sondern wo ich Knirps mich mitten in das Gewühl der Verteiler schleichen mußte, notfalls auch hier mit der Springwurzel einer Zigarre den schnellsten Weg erschließend.

Zwölf Jahre vielleicht war ich alt, als ich meine Sporen als Berichterstatter verdiente. Daß wir unserm Vater schon weit früher jedes gestürzte Droschkenpferd, jeden Wasserrohrbruch und jedes Ausrücken der Feuerwehr meldeten, versteht sich von selbst. Nun aber wurde ich ein richtiger Pressevertreter, oft zu einer Zeit, in der Kinder schon ins Bett gehörten.

Kleine Festlichkeiten und Versammlungen gab es täglich so viele, daß die Zeitungsschreiber nicht mehr mitkamen; aber jeder Veranstalter hatte damals ein verbrieftes Recht, mindestens im ›Generalanzeiger‹ mit ein paar freundlichen Zeilen erwähnt zu werden. Also sprach mein Vater – selbst auf dem Sprung, sich in wichtigere Ereignisse zu stürzen – zu mir: »Da gehst du jetzt vor ins ›Union‹, da findest du am Vorstandstisch einen Mann mit langem weißen Bart, das ist der Herr Feldigel, dem sagst du einen schönen Gruß von mir, läßt dir das Programm geben und fragst, ob alles richtig verlaufen ist; und wenn sich später noch was ändern sollte, dann soll er so gut sein und mich morgen anrufen. Und – schau dich auch selber ein bissl um, ob viel Leut' da sind, ob hübsch dekoriert ist und so weiter.«

Ich war glücklich, wenn ich den Mann mit dem langen weißen Bart entdeckt hatte – und recht viel mehr leisten die kleinen Reporter von heute ja auch nicht, als daß sie sich vergewissern, ob alles nach dem Programm abläuft. Geschah es doch zur Zeit meiner eignen Redakteursherrlichkeit noch, daß diese Nichtswürdigen Sänger hatten auftreten lassen, die verhindert, oder gar Mitbürger zu Grabe getragen, die gar nicht verstorben waren.

Die Begegnung

Mein Vater, ein junger Mann noch, wurde als Berichterstatter zu einem Fremden geschickt, der in dem damals neu eröffneten, riesig und glanzvoll wirkenden Café Luitpold zu einer bestimmten Stunde sitzen sollte. Der Herr, sagte ihm der Redakteur, habe einen ausgesprochenen Birnenschädel, oben kahl, rundum rote Haare. Er schaue mit halbblinden, grünen Augen mühsam aus seinen Sommersprossen heraus; er habe einen langen Hals, faltig wie ein Truthahn; endlich sei er, ungeachtet seiner Stellung und seines Vermögens, derart schlecht und unsauber angezogen, daß man nicht mit einem Stecken ihn anrühren möchte.

Mein Vater betrat das Kaffeehaus, überblickte das Gewühl der Gäste und ging schnurstracks auf den also beschriebenen Herrn los. Der zeigte sich ungemein darüber erfreut, wie gut die Verabredung zweier Unbekannter geklappt habe, und fragte strahlend – soweit er das vermochte: »Und nun sagen Sie mir einmal, wieso Sie mich so rasch gefunden haben!?« Es bedurfte großen diplomatischen Geschickes, ihm das zu erklären...

Daß es heutzutage noch so schrullige Volksschullehrer gibt wie
zu meiner Kinderzeit, glaube ich nicht. Und gäbe es sie, die
Behörden und die Elternbeiräte legten ihnen bald das Handwerk – denn um ein solches drehte sich's ja, wie wir gleich
sehen werden.

Der Lehrer Spöttel an der Luisenschule war aber noch ein
Pädagogarch im früheren Sinn. Als ich ihn hatte, war er schon
ein alter Mann, bereits vor einem Menschenalter war der jüngere Bruder meines Vaters, der Onkel Theodor, sein Opfer gewesen, und der ungeschlachte Braumeister grinste und grunzte
hämisch, als er hörte, daß mir das nämliche Schicksal drohe.
Auch mein um ein Jahr älterer Bruder Hermann, soeben der
Zucht Spöttels entronnen, erging sich in düsteren Weissagun-
gen über meine nächste Zukunft. Ich kam also nicht ungewarnt
in die dritte Klasse.

Daß ich mich heute, nach so urlanger Zeit, dieses Lehrers so
genau entsinne, hat seinen Grund: ein Schulkamerad von damals hat in einem Brief mein eigenes Gedächtnis aufgefrischt.

Der Lehrer, Andreas, wenn ich mich recht erinnere, war ein
großer, eher hagerer Mann, rundköpfig, kurzhaarig, vermutlich
mit einer randlosen Brille. Sein faltiger Hals kam schildkröten-
haft aus dem niederen Kragen. Daß ein Lehrer auch ein bürgerli-
ches Leben führt, irgendwo in der Stadt wohnt, Frau und Kinder hat, wurde uns Buben nicht bewußt. Er war einfach da, um
acht Uhr früh, und verschwand um vier Uhr nachmittags wieder, Woche für Woche, zwei Schuljahre lang.

Obwohl der Lehrer Spöttel ein Grobian war, denke ich ohne
Bitterkeit an ihn zurück; denn immerhin war er ein Kauz von
galligem Humor.

Am meisten gefürchtet war die Rechenstunde, mit dem kleinen und großen Einmaleins. Er schrieb, schon vor dem Beginn
des Unterrichts, die Namen von zehn Delinquenten an die Tafel, und unser erster banger Blick suchte, ob wir unter den
Opfern seien. Die mußten sich auf die vordersten Bänke setzen;
Herr Spöttel ergriff den Zeigestab: 5×13 ist? Immer härter
schlug der Stecken auf den Kopf des Gefragten, bis die Antwort
kam oder die Tränen das einzige blieben, was er aus dem
Dummkopf herausbrachte. Schlimmer noch war eine andere
Methode: der Schüler mußte die zehn Finger aufs Schulbänk-
lein spreizen, der Quäler deutete mit dem Lineal auf die ge-

wünschte Zahl und verstärkte den Druck bis zum unerträglichen Schmerz am Nagelbett.

Das Schönschreiben brachte er uns auch auf seine grausame Weise bei. Er ging durch die Bankreihen, brummte vor sich hin und sagte mit undurchdringlicher Miene zu dem oder jenem: »Du kannst vorgehen!« Noch wußte keiner, ob das Lob oder Strafe bedeutete. Denn neben den gefürchteten Tatzen gab es auch freudige Überraschungen: der alte Mann kaufte bei seinem Metzger allerhand Abfall, Wurstzipfel oder Leberkäsanschnitte; und unverhofft bekam ein Bub einen solchen Leckerbissen oder auch eine billige alte Ansichtskarte, wie sie der Lehrer stoßweise in seinem Pult liegen hatte.

Brach bei einem Schüler Nasenbluten aus oder klagte er über Zahnweh, so war der Lehrer um kein Hausmittel verlegen. Er zog sein riesiges buntes Schnupftuch aus der Tasche, knotete ein Beutelchen daraus, das er mit Salz füllte, in die Waschschüssel tauchte und dem Patienten unter die Nase schob. Auch ein großer, kalter Hausschlüssel, auf den Nacken gelegt, tat gute Dienste.

Sah er einen Knaben, der als Pausenbrot Zuckerwerk verzehren wollte, entriß er's ihm mit finsterer Heiterkeit, öffnete das Fenster in den Schulhof, zerbröselte das seiner Meinung nach ungesunde Zeug und warf es hinaus: »Das ist was für die Vögel, aber nicht für einen Buben!«

Die ärgste Angewohnheit Spöttels aber war, einen Schüler an der Gurgel zu packen, ihn hochzuziehen oder gar, in die Hautfalten verkrallt, bis vors Katheder zu schleppen und dort niederzustoßen; öfter als einmal floß dann das Blut des Gestürzten.

Besonders wütend war er, wenn er uns beim ›Federles‹ erwischte, einem Spiel, das man im Zeitalter des Füllers erklären muß: Man legte die Stahlfedern – immerhin Pfennigwerte – auf die Bank, drückte den Finger drauf und schnellte sie hoch. Fielen sie auf den Rücken, hatte sie der andere gewonnen. Im Eifer bemerkten wir oft nicht, daß uns der Lehrer bereits eine Weile zusah. Plötzlich stürzte der starke Mann wie ein Geier auf uns zu, packte uns am Hals und schlug uns die Köpfe zusammen.

Um freundlicher zu schließen: ein besonderes Fest war es, wenn er zum Singen die Violine aus dem Schrank holte. So sehe ich ihn noch am deutlichsten vor mir: dem Tod, von Rethel, nicht unähnlich, die Geige streichend, längst für mich eine legendäre Gestalt.

Während ich noch die letzten zwei Jahre mich durch die Ober-
klassen des Wittelsbacher Gymnasiums würgte, machte mein
älterer Bruder seine Lehrzeit bei Karl Schüler, dem ewig versoffe-
nen Inhaber der großen Ackermannschen Buchhandlung, in
der Maximilianstraße durch.

Einer der Bücherabstauber, an literarischem Ehrgeiz freilich
alle Lehrlinge weit überragend, war ein junger Jude, Fredy
Cohn, genannt Kaufmann, Sohn einer reichen Witwe in der
Widenmayerstraße. Natürlich kannte er alle Dichter und Literaten der Stadt, wußte sich wichtig und nützlich zu machen,
begönnerte und ließ sich begönnern, wurde von niemandem
ganz ernst genommen, aber nach dem schönen Wort: Nützen
können dir nur wenige, schaden alle, ließen ihn die meisten
gelten, Schriftsteller gar, die so ängstlich drauf bedacht sind,
daß ihrem bißchen guten Ruf niemand schadet. Der kleine
Cohn vermittelte Geschäfte und Bekanntschaften, auch Berühmte schlugen nicht aus, seine Gäste zu sein in der prächtigen
Wohnung überm Fluß, und überdies war er, das erfuhr ich erst
viele Jahre später, den Männern zugetan und nicht den Frauen,
er gehörte somit dem mächtigsten Geheimbund an, den die
Welt kennt.

Ich erfuhr es, wie gesagt, erst nach Jahren, gemerkt hätte ich
es nie, man muß mich heute noch, einen alten Mann, mit der
Nase drauf stoßen, wie man in München zu sagen pflegt; damals aber, ein Achtzehnjähriger, war ich ein gar tumber Knabe,
ein Bauernbub, auch wenn ich ein Großstädter schien, ein
»Hausmeisterischer«, wie man die schlecht angezogenen, linki-
schen jungen Leute nennt. Und meiner Mutter bin ich heute
noch, über ein Menschenalter und übers Grab hinaus, ein wenig
gram, daß sie, selbst in Dingen der Gesellschaft wohlbewandert,
uns Buben so fahrlässig in die Welt schickte und uns vielen
peinlichen Demütigungen aussetzte, bis wir uns mühsam, spät
und in mehr als einer Hinsicht für immer zu spät, leidlich zu-
rechtfinden lernten.

Damals etwa, im Jahre zwölf, war mein Onkel, der feinsinni-
ge Schriftsteller Gerhard Oukama Knoop, gestorben – zu früh,
als daß ich durch ihn die Großen der Zeit, George und Rilke,
Thomas Mann und wie sie alle hießen, näher als zu flüchtigem
Gruß kennengelernt hätte – und meine Tante schenkte mir, dem
er leidlich paßte, den Smoking des Verblichenen und auch die

Hemden dazu, mit steifer Brust und, was damals hochmodern war, rückwärts zu knöpfen, während man in die drei blinden Knopflöcher vorn Zierknöpfe zu stecken hatte, Diamanten und Perlen, wer sich's leisten konnte, billige Dinger aus Perlmutter taten es auch.

Aber selbst diese zu beschaffen fand meine Mutter nicht für nötig, aus eignen Mitteln konnte ich sie nicht erwerben, noch als Primaner hatte ich meist keine Mark in der Tasche.

Als ich denn von dem kleinen, überaus geschniegelten und gebügelten Kollegen meines Bruders als angehender Dichter zu einem feinen Abendessen eingeladen war und mich auf den Weg machte, fühlte ich mich in dem in jedem Betracht fremden Gewand reichlich unbehaglich, und der Versicherung meiner Mutter, bei einem jungen Mann nehme man es nicht so genau, mißtraute ich gründlich. Die leeren Knopflöcher waren wie Wunden auf meiner Brust.

Sie wurden denn auch umgehend entdeckt und, in der wohlwollenden Meinung, ich hätte sie vergessen, besprochen; der Abend war mir vergällt. Es waren noch einige andere junge Männer eingeladen, darunter ein piekfeiner Schnösel mit einem Monokel, das er unnachahmlich aus dem Auge fallen zu lassen verstand. Vor ihm hätte ich selbst in einem erstklassigen Schneiderfrack die Waffen gestreckt. Er sprach nicht mit einem, sondern richtete das Wort an ihn, und was mich angeht, mit beispiellosem Erfolg. Denn erst um Jahre zu spät entlarvte ich ihn als eine hohle Witzblattfigur der Art: »Gedicht von Ihnen gelesen, kolossal amüsiert!« Damals, ein Tölpel, ließ ich mich von ihm völlig überrumpeln, und seine näselnde Frage: »Novellieren Sie auch?« erschien mir so ungeheuerlich großartig, daß ich, vermeinend, so sprächen die Dichter untereinander, verwirrt ja und nein durcheinander stotterte. Vielleicht wäre ich weniger verlegen geworden, wenn ich gewußt hätte, daß dieses Ekel mich zugleich mit den schamlosen Augen eines Liebhabers ansah; vielleicht aber wäre ich vor Entsetzen davongelaufen, wenn ich auch nur einen Schimmer davon gehabt hätte, was dieses Eindruck schindende, seltsam vertrauliche Getue bedeuten mußte.

Ich weiß nur mehr, daß der große Novellist, von dem dann nie eine Zeile zu lesen war, den Plan einer Erzählung entwickelte, mit der er Heinrich Mann den Lorbeer zu entreißen gedachte. Sie hieß ›Die verratene Göttin‹ und betraf einen jungen Mann in besten Verhältnissen, der in seinem wohleingerichteten

Arbeitszimmer eine lebensgroße Venus aus echtem Marmor stehen hat, welche sein bisheriges Liebesideal verkörpert; er wendet sich von diesem jedoch ab; von Gewissensbissen gepeinigt, umschlingt er die Füße der Göttin, sie möge ihm ein Zeichen geben. Infolge der immer dringender werdenden Beschwörungen strauchelt er, ja, er kommt zu Fall, und das wankende, das stürzende Standbild erschlägt ihn.

Alle Anwesenden zeigten sich begeistert, und auch ich, der doch immerhin schon einiges gelesen hatte, war tief beeindruckt; ich hatte an der Geburt der Tragödie unmittelbar teilnehmen dürfen: So also, dachte ich neidvoll, entwerfen die Zwanzigjährigen mit sicherer Hand ihre erfolgreichen Werke.

Der Rest dieses ersten literarischen Ereignisses meines Lebens ist in Dämmerung gehüllt. Nach dem Krieg, den er mit allerhand Krankheiten zu überbrücken wußte, ging Fredy nach Berlin und wurde als Starter des Jockei-Klubs halb weltberühmt – ich habe nie wieder was von ihm gehört; nur in der überspitzten Zeitschrift ›Der Querschnitt‹ sah ich einmal sein Bild, als einen rechten Zierbengel, in Frack und Zylinder – er hatte sichtlich umgesattelt, den Pegasus zu reiten oder auch nur als Stallbursche zu pflegen, trieb es ihn nicht mehr.

Ich will ihm aber doch ein freundlich-dankbares Andenken bewahren, denn ich habe späterhin auch Dichter wie Klabund oder Bruno Frank durch ihn kennengelernt, die meinen ersten Schritten liebevolle Begleiter waren.

Zauberer

Nur eine Akten-Notiz will ich schreiben über die verschiedenen Zauberer, die mir begegnet sind. Ich war noch ein Kind, als ich eine indische Truppe sah, die das Seil warf, daß es in der Luft stand, und die einen Korb, in dem ein lebendiges Mädchen lag, mit langen Messern scheinbar wahllos durchstieß.

Viele Jahre später wurde Ärzten und Zeitungsschreibern ebenfalls von Indern, Mann und Frau, ein erregendes Schauspiel geboten, gruselig, ja widerwärtig zum Teil – das öffentliche Auftreten wurde dann auch nicht erlaubt. Mann und Frau durchstachen Hals, Arme, Beine mit langen Nadeln, brachten sich Schnittwunden bei, die sie durch einfaches Kneten der Haut wieder völlig verschwinden ließen. Die Frau hielt einen

Apfel auf der flachen Hand, der Mann schlug mit zwei blitzschnellen Säbelhieben ein Viertel aus der Frucht. Zuletzt griff der Mann in die Augenhöhle und zog das Auge weit heraus – alles von wenigen Menschen aus nächster Nähe genau zu beobachten.

In einem kleinen, kümmerlichen Wanderzirkus ließ sich der verhärmte, ja schwindsüchtig wirkende Herr Direktor und Alleinunterhalter auf der bloßen Brust große Felsbrocken mit dem Vorschlaghammer zertrümmern – und die Bauernburschen, die er dazu einlud, schlugen grausam zu – unvergeßlich, wie der Mann keuchte, wie ihm seine verfallene leidvolle Frau im lächerlichen Flitter den Schweiß und die Steinsplitter aus dem Gesicht wischte. Zauberhaft allerdings war das nicht – aber heut noch ist mir's unbegreiflich.

Von den eigentlichen Zauberkünstlern brauche ich wohl nichts zu erzählen, ob nun der berühmte Schichtl auf der Wiesen eine lebende Person zersägte oder Bellachini die Kaninchen dutzendweise aus dem Zylinder zog. Der größte Illusionist war ein Holländer, der unter dem Namen Okito als Chinese reiste und mir unter vier Augen manchen Trick verriet. So das Rundseil, das man zerschneidet und wieder ganz macht (in Wirklichkeit zerschnipfelt man nur ein dazu geschmuggeltes Seil-Endchen), oder die berühmte schwebende Kugel, von der jeder Pfiffige weiß, daß sie aufgehängt ist. Sie schwebt aber in einer Spirale, so daß der Zauberer, von einem mißtrauisch-empörten Zuschauer dazu aufgefordert, lächelnd mit dem haarscharfen Säbel darüber hin, darunter her und kreuz und quer fuchteln kann.

Am lustigsten sind die Magier, wenn sie zu ihrem eignen Vergnügen zaubern. Besagter Okito erzählte mir von Fahrten in D-Zügen, wo er ganz inkognito und als harmloser älterer Herr reiste, aber plötzlich zwei Zigarren rauchte oder den Hut mit einem Stips auf den Haken beförderte. Die Mitreisenden trauten ihren Augen nicht – höchste Zeit, mit den Scherzen aufzuhören: die Ungewißheit, ob man sich nicht doch getäuscht habe, juckt am ärgsten.

Ein Gedenken sei hier eingefügt an einen Kleinmeister der Schwarzkunst, an Derka Hartung, ich kannte ihn viele Jahre, zuletzt sah ich ihn noch in einem der übervollen Züge an die Ostfront, seither ist er verschollen. Er gab mir und meiner Frau manches bezaubernde Privatissimum, mit und ohne Lösung des Rätsels – Geheimnis ist es ja keins! –, und ich sah, wie vielfältig (und doch oft so einfältig) die Mittel sind, deren sich sogar die Erzzauberer bedienen, vom technisch-chemischen bis zur dreisten Ablenkung im entscheidenden Augenblick, von der lustigen Lüge bis zur kecken Wahrheit, auf die man erst recht hereinfällt, weil man sie nicht glaubt. Mein Freund Derka war zeitlebens ein armer Teufel, Geld zaubern konnte er nicht; aber durch weite Länder Südamerikas ist er gekommen, ohne Sprachkenntnisse und ohne einen Peso in der Tasche – eben als Taschenspieler. In Herbergen und an Lagerfeuern fing er, der unbeachtete Fremdling, still vor sich hin zu zaubern an, zuletzt hatte er ganze Dörfer samt Gendarmen und Bürgermeister so verblüfft und begeistert, daß sie ihn gar nicht mehr fortlassen wollten.

Daß ich's nur gestehe, ein bißchen kann ich auch zaubern. Das haben wir Buben zum Teil von unserm Vater gelernt, der eine Orange so überzeugend aus dem fahrenden Zug werfen und wieder hereinholen konnte, daß mein Bruder im besten Glauben an solche Künste den neuen Hut hinterherwarf. Natürlich hatten wir auch die billigeren Nummern des »Zauberkönigs« erworben, falsche Finger und magische Eierbecher, aber längst begnüge ich mich mit einer Zündholzschachtel, die ich, heimlich in den Handrücken geklemmt, im Zwielicht auf- und niedersteigen lasse, oder ich reiße mir, »ohne Vorrichtung, ohne Apparat«, kurz entschlossen den Daumen aus. Am ergiebigsten sind ja ohnehin jene Kinder-Jahre der schönen Täuschungen, wo wir atemlos vor Staunen den »Hansl« davonfliegen und die »Gretl« wiederkommen sahen, nicht ahnend, daß die auf den Tisch gelegten, mit einem bunten Fetzchen beklebten Zeigefinger im Hui mit den Mittelfingern vertauscht wurden.

Noch habe ich die eigentlichen, die echten Zauberer nicht genannt. Dem Baron Schrenck-Notzing bin ich, bei Schillers Urenkel, dem Freiherrn von Gleichen, oft begegnet, er schien mir immer selbst ein Materialisationsphänomen von müdester Auflösung. Um ihn und seine teils entlarvten, teils verdächtigen Medien ist es still geworden, sein dickes Buch ist verschollen, und vielleicht bleibt er nur durch seinen Kronzeugen Thomas Mann im Gedächtnis.

Auch über jene ganz andersgearteten Magier, die Hypnotiseure, hat Thomas Mann das beste und gültigste geschrieben: ›Mario und der Zauberer‹ – und neben der Meisterschaft, mit der er den Ablauf einer solchen Veranstaltung geschildert hat, kann sich so leicht nichts hören lassen.

Hypnose war ja wohl auch, seit ältesten Zeiten, das Rüstzeug der Zauberer, sie mochten es noch so tarnen und entwichtigen. Heute sind derlei Vorführungen öffentlich kaum mehr zu sehen, nach dem ersten Krieg, bis in den Anfang der dreißiger Jahre, waren die »Hellseher« und wie sie sich nennen durften, ihres Zulaufs sicher. Auch den berühmt-berüchtigten Hanussen habe ich damals gesehen.

Häufig begannen sie ihre Vorstellungen damit, daß sie die ganze Versammlung aufforderten, die Daumen zu drehen – dann gingen sie beschwörend durch die Reihen: »Sie können nicht mehr aufhören! Sie können nicht mehr aufhören!« Und wirklich blieb da und dort ein armes Fischlein im Zaubernetz hängen, und der Magier wußte gleich, an wen er sich würde zu halten haben. Die Versuche sind bekannt: die aufs Podium Gerufenen aßen Äpfel als Zwiebel, schrieben ihre ungelenke Kinder- und die künftige zittrige Greisenschrift, liefen vermeintlichen, fortrollenden Goldstücken nach und spielten die längst verlernte Appassionata in die Luft.

Dergleichen ging noch an; aber der dämonische Mann ließ junge Mädchen schamlos einen Floh suchen und erzwang von würdigen Herren unerwünschte Geständnisse – bis eines Tags der faule Zauber kurzerhand polizeilich verboten wurde. Jüngere Menschen kennen dergleichen nur noch vom Hörensagen.

Eine Storchengeschichte

Störche standen in unsrer Kinderzeit noch viele auf den Wiesen und an Weihern, sie klapperten von den steilen Dächern der Dörfer und kleinen Städte; aber daß ihrer mehr als ein Dutzend über die Gassen hinflogen, das war auch damals, um die Jahrhundertwende, ein ungewohntes, herrliches Schauspiel und des Alarms wert, der von Haus zu Haus ging und uns Kinder auf die Speicher trieb, durch deren Luken wir die riesigen Vögel rauschend nah an uns vorüberschweben sahen. »Die Störche! Die Störche!« riefen wir aufgeregt einander zu und deuteten auf den wunderbaren Zug am tiefblauen Himmel, der nur allzurasch der begrenzten Sicht aus der Dachöffnung entschwand.

Sollte sich da ein Bub von elf Jahren begnügen mit so flüchtigem Blick, wo doch ein Schwung auf das Dach selbst eine lange und ungehinderte Sicht auf die atemberaubenden Flugspiele der

Störche verhieß? Die Speicherluke stand offen im Sommer, das Fenster, sonst von drei Flügelschrauben gehalten, lehnte am Kamin. Oft schon waren mein Bruder und ich mit Hilfe eines Schemels durch die halbkreisrunde Öffnung geschlüpft – gerade heute, wo es auf jede Sekunde ankam, war der Schemel nirgends zu sehen: was tat's, als guter Turner gedachte ich's auch vom Boden aus mit Schwung zu machen, ich griff nach dem in Augenhöhe stehenden Fensterbrett mit beiden Händen und sprang.

Ich spürte einen gewaltigen dumpfen Schlag auf die Schädeldecke, ich hörte, im Taumel, ein knirschendes Geräusch, mit einem Wehlaut glitt ich auf den Boden zurück, ich griff mir an den brausenden Kopf – da rann schon das Blut. Wieso Blut? dachte ich, strömendes, unstillbares Blut, durch die Finger hindurch, die Haare herab, übers Gesicht, in den Hals hinein, Blut auf den Kleidern, am Boden, schwer hingetropftes, dunkles Blut.

Mein Bruder und ein Vetter, die jetzt heraufgestürzt kamen, sahen mich so stehen, vor Schmerz gekrümmt, blutüberronnen. Mein Bruder begriff es zuerst; ein Blick auf die Luke zeigte es ihm – ich war mit voller Gewalt in die obere, scharfgeschmiedete Flügelschraube, in die Fensterreibe, wie wir sie nannten, war ich hineingesprungen. Und jetzt fühlte ich's auch, durch den dicken Haarschopf: die Kopfhaut war aufgeschlitzt, wer weiß, wie weit, ich wollte es lieber gar nicht wissen. Bruder und Vetter standen ratlos herum, kramten nach ihren Taschentüchern, verzichteten jedoch nach ihrer Besichtigung, sie mir als Erste Hilfe anzubieten.

Ich lief, eine Blutspur hinterlassend, durch das Haus, in die Küche hinunter, jammernd sah die alte Magd das Unglück. Handtücher holte sie eilig, ein mürbes Bettlaken zerriß sie herzhaft zu Binden – vergebens: aus dem dick umwickelten Kopf suchte das Blut seine Bahn, rann über Augen und Nase, netzte die Kleider, klebte an den Händen.

Welch ein Glück, das gleich gegenüber ein junger Arzt erst vor kurzem seine Praxis eröffnet hatte. Zu dem führte mich mein Vetter hinüber, taumelig war ich und halb blind, aber das sah ich, daß der Vetter grasgrün war vor Angst, als er die Glokke zog. Es währte eine Ewigkeit, bis die Frau Doktor aufmachte; sie war eine farblose Person, unbeholfen und ahnungslos. Ihr Mann, nein, der sei nicht zu Hause, eine Stunde könne es wohl dauern, bis er zurückkäme; wir sollten derweilen ins Wartezimmer gehen. Und sie öffnete die Tür zu einem düstern Raum.

Das Blut sickerte und tropfte; ich war als elfjähriger Bub gescheiter als die Frau, entschlossener als der Vetter, der schon folgsam auf einem Holzstuhl Platz genommen hatte. Ich lief davon, lief, den Vetter hinter mir lassend, die heiße Straße hinauf gegen den Marktplatz zu, und ohne Besinnen, damit nicht vorher der Mut mich verließe, stürzte ich in den Laden des Friseurs und approbierten Baders – wie hieß er denn nur? –, der zum Glück anwesend war und bei meinem Anblick einen halbrasierten Kunden mitten im Seifenschaum sitzen ließ.

Der kundige Mann, der gewiß schon manchem Bauern, der sich auf dem »Gillamoos«, dem Jahrmarkt, Hieb oder Stich zugezogen hatte, mit sanfter Gewalt hilfreich gewesen war, machte auch mit mir nicht viele Umstände, er wickelte mir die Verbände ab, pfiff zwischen den Zähnen und schabte mir zuerst eine schöne Mönchstonsur, ehe er sich, drückend und waschend, mit der Wunde selbst befaßte. »Des wer'n ma' nahn müaassen!« sagte er, pfiff abermals und kramte ein verdächtiges Besteck hervor.

Mir war sehr kläglich zumute, aber ich biß die Zähne zusammen und richtete den starren Blick nach draußen, wo mein Vetter stand und stier durch die Auslage auf mich hereinglotzte, über ein Glas mit Blutegeln hinweg, denen ich eine krampfhafte Aufmerksamkeit widmete. Sieben Nadeln, schön eine nach der andern, zog mir der Bader durch die knirschende Schwarte.

Wohlverbunden, jodbepinselt und karbolduftend verließ ich den Meister, dem ich mich freilich, wenn auch nicht mehr so schmerzhaft, noch oft und oft anvertrauen mußte.

Meine Mutter war während dieses Ereignisses in München gewesen, wir erwarteten sie, acht Tage später, auf dem Bahnhof. Wir hatten einen Eid getan, ihr nichts zu erzählen; aber sie schnupperte gleich herum, und unsre dreiste Beteuerung, wir röchen nichts, half wenig; als sie mich fragte, ob ich Spatzen unter der Mütze hätte, mußte ich mit der Sprache herausrücken: »Spatzen nicht, aber Störche!« sagte ich, tat die Mütze herunter und beichtete, so beiläufig es sich nur machen ließ, die ganze Geschichte.

Wer, wie ich, noch im Ausgang des vorigen Jahrhunderts geboren ist, der hat wenigstens den letzten Zipfel einer Welt erhascht, die uns heute schier unglaubwürdig erscheinen muß. Ist doch die »gute alte Zeit« in langsamen Strömen aus dem Biedermeier bis an die jähen Klippen des Ersten Weltkrieges geflossen, haben Jahrzehnte damals ihr Gesicht weniger verändert als seitdem Jahre, ja selbst Tage.

Denke ich gar meines Vaters, der 1950 vierundachtzigjährig gestorben ist, dann erschrecke ich vor so viel persönlich erlebter Geschichte, ganz zu schweigen von seinen immerhin noch unmittelbaren Erinnerungen an Ludwig II., Bismarck, ja den Einzug der siegreichen Truppen, 1871. Den Krieg von 1866 freilich hatte er, kurz vorher geboren, selbst nur als »Einjähriger mitgemacht«, wie er im Scherz sich ausdrückte. Doch habe ich mir, ein halbes Jahrhundert und länger hernach, von manchem Kriegsteilnehmer, wie dem Doktor Georg Hirth, noch viel aus jener Zeit erzählen lassen.

An festlichen Ereignissen hat es in München vor dem Weltkrieg nicht gefehlt, es sei nur der Grundsteinlegung des Deutschen Museums gedacht, wo ich den Kaiser aus nächster Nähe sah, mitten in militärischem Glanz und großbürgerlicher Würde. Den höchsten Punkt aber, den Schwanengesang des alten Deutschen Reiches und seiner sechsunddreißig Herrscher erlebte ich im Sommer 1913, als ich, ein Achtzehnjähriger und wohl der jüngste Berichterstatter, dem Fürstentag in Kelheim beiwohnen durfte.

Damals hatte die Stadt München als eine großartige Neuerung Omnibusse mit einem offenen Oberdeck angeschafft, und mit einem solchen blitzblauen Fahrzeug rumpelten wir die Ingolstädter Landstraße hinaus, wir Jungen natürlich hoch droben. Man hatte jedoch nicht bedacht, daß zu beiden Seiten der Straße Apfelbäume gepflanzt waren, und deren Zweige, vom fahrenden Omnibus wie eine Schleuder gespannt, schnellten über die ungeschützte Plattform und schütteten Hagelstöße der unreifen Früchte über uns.

Das war aber vermutlich das einzige, was man zu erwägen versäumt hatte, denn im übrigen war alles bis in die winzigste Kleinigkeit geregelt; galt es doch der Sicherheit einer Versammlung von gekrönten Häuptern, wie sie seit Versailles (1871) nicht wieder zu sehen gewesen war. Jeder von uns, auch der

Wagenlenker, führte einen ganzen Packen von Ausweisen mit sich, von denen einer sich auf den andern bezog. Selbst die Geheimpolizisten, ja sogar die Schutzleute in Uniform mußten Bescheinigungen vorzeigen, daß sie echte Beamte waren; damit nicht genug, brauchten sie noch Papiere, aus denen einwandfrei hervorging, daß die Pässe, mit denen sie sich auswiesen, nicht gefälscht waren.

Die ganze Umgebung, das Städtchen, die Donau- und Altmühlufer waren durchsetzt von Spitzeln, die aufeinander aufpaßten; der Berg war seit Wochen von Pionieren bewacht, die ihn sowie die Befreiungshalle selbst beklopften und behorchten, ob nicht doch eine Sprengladung in Schlüften und Kammern verborgen sein könnte; und Bezirksamtmann Narziß, ein Freund unsrer Eltern, mag selbst in Afrika, wo er lange Jahre Dienst getan hatte, nicht so geschwitzt haben unter der Tropensonne, wie in diesen zwei, drei Tagen als Verantwortlicher unter der Zwangsvorstellung, daß irgendwo mit Donnergepolter ein Kaiser und ein paar Könige in die Luft flögen.

Im übrigen ließ auch die Sonnenhitze im Städtchen Kelheim nichts zu wünschen übrig; wer es kennt, der weiß, daß das gemütliche Nest rund wie ein Kuchen daliegt, von den zwei sich kreuzenden Straßenzügen in saubere Viertel aufgeteilt. Der eine Straßenzug nun wurde während der Festtage einfach durch eine Mauer von lebendigen »Leibern« abgesperrt, so daß die Bürgerschaft in zwei Lager gespalten war, selbst Verliebte nicht zueinander kommen konnten und es unmöglich war, das Bier über die Gasse zu holen. Ein heißer Männergeruch, wie wir ihn dann im Kriege Jahre lang atmen sollten, erfüllte die Stadt, der bayrisch-blaue Wall stieg hinauf in die grünen Laubhaine des Michaelsberges, bis an die Stufen der Befreiungshalle, die, aus honiggelbem Marmor, in edlen Massen schimmernd, überall, oft unvermutet, über den alten Giebeln emporragte.

Besonders gut wurden natürlich die maikäferhäuslkleinen Tore bewacht und die Brücke, auf der schon einmal, wenn's auch fast siebenhundert Jahre her war, ein Wittelsbacher Ludwig ermordet worden war.

Der Fürstentag jedoch, gleich sei's zur Beruhigung gesagt, verlief ohne Zwischenfall. Das Volk murrte wohl ein wenig, hinter der dreifachen Wand des Spaliers auf den Zehen tänzelnd und auf Hockerchen und Leiterchen turnend, aber zu schauen gab es trotzdem genug bei dieser Abschiedsvorstellung des alten Europas. Wollte ich die Uniformen und Galakleider alle einmal aufzählen, ich müßte in verschollenen dicken Büchern erst nachschlagen, und ob sie dort verzeichnet wären, ist noch die Frage. Daß der Prunk einer alten Zeit mit seiner Erhabenheit gelegentlich schon das Lächerliche streifte, bewies mir die Auffahrt eines, wenn ich mich recht erinnere, Fürsten Fugger-Glött, der in einem weinroten Staatsgewand krötenfett schier aus seiner Chaise herausthing und, wohl ein Mann von Humor, für die brausenden, von Spottgelächter unterströmten Kundgebungen mit heiterem Gesicht und leutselig watschelnden Händen dankte.

Die Feier selbst, droben im festlich geschmückten Rundtempel, war von edelster Kraft. Der klassische Bau in romantischer Landschaft ist ohnehin von seltsam tiefgreifender Wirkung. Eine mächtige, farbige Woge von Menschen – der politische Zweck trat völlig gegen das Schaubild zurück – wallte die Stufen empor, ergoß sich in die schweigende, von Erz und Marmor kalt glänzende Halle.

Und plötzlich, wie von einem andern Stern herab, klang aus der Höhe Musik, Hände in Harfen, eine dunkle Stimme sang eine Weise von Händel. Der ungeheure Raum, der schon die mißtönendsten Laute in reines Silber verwandelt, warf die herrlichen Töne mit Zaubergewalt zurück; und nach einem Menschenalter, in dem die innigsten und großartigsten Anrufungen mein Herz trafen, erinnere ich mich dieses Erlebnisses so klar, daß ich nur die Augen zu schließen brauche, um mich von der ganzen süßen Gewalt jener Töne durchströmen zu lassen.

Die übrigen Einzelheiten des Festakts habe ich vergessen. Ich sehe nur noch den Kaiser in der Gardeuniform mit dem blinkenden Helm vor mir, wie er in stolzer Pose, aber den kurzen Arm kaum verbergend, mit seinem glänzenden Gefolge aus der Halle trat und die Stufen hinab an die Rampe stieg; wobei, um dem Ernst das Satyrspiel folgen zu lassen, Ludwig von Bayern, auch an diesem Ehrentag in General-Korkzieherhosen, Mühe hatte, mit seinem adlerblickenden, überstramm dahinstiefelnden Gast Schritt zu halten.

Die Rundsicht von dort oben ist unvergleichlich; die Donau bricht durch die weißgrauen Jurafelsen, von Weltenburg her, die laubgrünen Kuppen verlaufen sich ins flache Land. Und tief drunten das fahnenbunte, menschenwimmelnde Städtchen Kelheim. Nur einen Makel hatte damals schon die Gegend aufzuweisen – Ludwig I. würde sich bei dem Anblick im Grab umgedreht haben, heute freilich würde er nur noch müde abwinken–, die Zellstoff-Fabrik. Ihren stinkenden Qualm hatte sie allerdings für die paar Tage nicht von sich geben dürfen; aber die ganze Anlage wirkte wie die Faust aufs Auge. Und so war man höheren Orts auf den pfiffigen Gedanken gekommen, alles zu tarnen – vierzig Jahre vor den nicht minder kläglichen, aber kostspieligeren Rezepten, die Flieger irrezuführen. Der schlaue Versuch scheiterte auch schon damals elendiglich. Ein Wald war umgehauen worden, um mit grünen Zweigen das verschandelnde Werk zu verhüllen. Aber zwischen Ausführung und Wirksamkeit lagen drei glühende Augusttage, und der wirre Haufen mißfarbenen dürren Laubes sah noch häßlicher aus und zog, gleich einem schlecht verhohlenen Fleck auf einem sauberen Tischtuch, teuflisch alle Augen auf die verwünschte Stelle.

Die Festtafel, die in einem reich geschmückten Bretterhaus auf grünem Wiesenplan aufgeschlagen war, durften wir natürlich nur als Zaungäste flüchtig betrachten – die Wittelsbacher hatten als reiche Wirte ihr kostbarstes Silber und ihr berühmtestes Porzellan herbeigeschafft, und wir blickten in ein beispielloses Blumenwuchern, in einen fast wilden Prunk von Aufsätzen und Schaugerichten.

Noch einmal, vor ihrem so unverhofften Ende, tranken die Kaiser, Könige und Fürsten einander zu; wir Zeitungsschreiber aber, selbst wenn uns wer eingeladen hätte, mitzuzechen und zu schmausen, hätten nicht die Zeit gehabt, es zu tun, fiebernd tauschten wir Namen und Eindrücke, schon unterwegs in die Stadt und zu den Omnibussen. Wir mußten uns an das Kaiserwort halten, daß die Wurst am besten aus der Faust schmeckt, und froh sein, in dem ausgefressenen Kelheim noch einen Bissen zu ergattern . . .

Georg Queri

»Wo Queri war, saß Altbayern mit seinem breiten Lachen und seinem schlagfertigen Witz am Tisch . . .« rühmt Ludwig Thoma seinen Freund, den Queri-Girgl, den ich selber recht gut gekannt habe.

Einmal – und oft – saß er auch an der Tafel des Doktors Georg Hirth in Sankt Quirin am Tegernsee, wo viele Berühmte, wie Ludwig Thoma oder Leo Slezak, sich zu unvergeßlich schönen Gartenfesten eingefunden hatten. Damals gab es türkische Zigaretten in großen Schachteln zu tausend Stück; und eine solche stand auch auf dem reichgedeckten Tisch.

Frau Wally Hirth forderte einen Gast auf, zu rauchen, aber die bewußte Schachtel war nirgends zu finden. Ohne sich auch nur einen Augenblick zu besinnen, rief die Hausfrau: »Queri, tun S' die Zigaretten wieder her!« Und der Girgl holte, völlig unbefangen grinsend, die Packung unter dem Tisch hervor.

Zeitweise war Queri – die Geschichte ist wohl schon öfter erzählt worden – Gerichtsberichterstatter der ›Münchner Zeitung‹. Der Generaldirektor Buchner, mit den Beiträgen unzufrieden, ging eines Tages selbst in eine Verhandlung und entdeckte seinen Mitarbeiter, wie er in der letzten Bank seinen Rausch verschnarchte. Unsanft tupfte er ihn auf die Schulter: »Sie sind fristlos entlassen!« Queri faßte sich schnell: »Des is ma grad recht, was i bei Eahna verdean, verdean i im Schlaf!«

Das stimmte und stimmte nicht. Queri und andere seines Schlages hatten oft keinen Pfennig in der Tasche, und dann wieder kam ein fürstliches Honorar vom ›Simpl‹ oder von der ›Jugend‹, in klingendem Golde ausbezahlt. Dieser Glücksfall hatte sich einen Tag vorher ereignet, als Queri in seinem Hinterhausquartier an der Hundskugel in aller Herrgottsfrüh die ihm durch viele Besuche wohlbekannten Schritte des Gerichtsvollziehers erlauschte.

Wohin mit dem Geld? So schlau war der Girgl auch, daß die vermeintlich sichersten Verstecke die sind, die just ein erfahrener Vollstreckungssekretär mit seinem sechsten Sinn sofort findet. Er warf also die Goldstücke in den Nachttopf und bedeckte sie in aller Eile mit jenem Eigenerzeugnis, das man erst in unsern Tagen freiweg aus dem Munde edler Damen mit Namen nennen hören oder in besten Büchern gedruckt lesen kann.

Der Gerichtsvollzieher schnüffelte in dem wüst verwahrlosten Zimmer in allen Winkeln herum, aber er fand nichts, was zu pfänden gewesen wäre; verdrossen ging er zur Tür. Queri, übermütig und schadenfroh, hielt ihm den Topf unter die Nase: »Wollen S' vielleicht auch da noch nachschauen?!« Angewidert und beamtenbeleidigt räumte der Mann das Feld. Wie sich Queri gleich darauf als Goldwäscher betätigte, wollen wir nicht weiter schildern.

Bayrische Anekdote

Prinz Ludwig, der spätere König Ludwig III., lebte recht einfach. In Leutstetten im Würmtal, nahe am Starnberger See, oblag er der Viehzucht. Gelegentlich wurde aber auch ein Künstler zum Abendessen gebeten; da holte dann der Diener das Bier in der nahen Schloßwirtschaft.

Ein Maler, der in der Umgegend landschaftete, wo der Prinz landwirtschaftete, war sogar schon zum drittenmal während des Sommers eingeladen worden. Er hatte dabei das Gemüt des Verwalters soweit erschlossen, daß er ihn vertraulich fragen konnte, ob denn der Küchenzettel so eintönig oder ob es ein Zufall sei, daß man ihm nun schon dreimal Hackbraten mit Kartoffelsalat vorgesetzt habe; und er ließ deutlich durchblicken, daß er sich von der Tafel eines Prinzen feinere Genüsse erwartet hätte. Der Verwalter aber war baß erstaunt: »Deswegen werden Sie ja am Donnerstag eingeladen, weil es da einen Hackbraten gibt!«

Als Spion verhaftet

Zum Ausspähen fremder Geheimnisse, politischer oder militärischer gar, bin ich wohl der unbrauchbarste Mensch unter der Sonne – von Nacht und Nebel ganz zu schweigen. So unschuldig kann ich gar nicht sein, daß mich nicht das auf mich gerichtete Auge des Gesetzes, und wäre es nur das eines Zöllners, erzittern ließe. Und doch bin ich zweimal als Spion verhaftet worden, so glimpflich, wie bei Goethe, ja fast heiter, in Malcesine, ist es nicht abgegangen.

Im August 1914, in den ersten Kriegstagen, sollte ich für die ›Münchner Neuesten‹ einen Stimmungsbericht über den Ausmarsch der Truppen schreiben; ich schlenderte also um die Anlagen des Glaspalastes herum, wo sich gerade eine Artillerieabteilung reisefertig machte. Ab und zu, denn alles konnte ich ja nicht im Kopf behalten, kritzelte ich, ohne jede Heimlichkeit, ein paar Stichworte hin – ein echter Spion hätte das nie getan. Mich aber hielt ein Vorübergehender für einen solchen, drohend stellte er mich zur Rede, und dem Don Pedrillo in Kleists Erzählung vom Erdbeben in Chili ähnlich, verfolgte er mich hartnäckig und rief auch die Leute von der Straße auf, mich nicht aus den Augen zu lassen.

Zuerst schien mir sein Eifer nur lästig, und ich gedachte, den Zudringlichen abzuschütteln; aber bald war ich von allen Seiten eingekreist, das Volksgemurmel wurde zum hysterischen Geschrei, und schon flog der erste Stein. Nun begriff ich das Bedrohliche meiner Lage. Die Gittertür zum alten botanischen Garten stand mir als letzter Ausweg offen; ich flüchtete mitten in die Soldaten, die, mit ihren eignen Arbeiten beschäftigt, erst jetzt des aufgeregten Schwarms gewahr wurden, der mir nachdrängte, der schrie, mich als Spion festzunehmen, aber freilich nicht mehr wagte, mit Steinen zu werfen: weniger des Glashauses wegen, als der Soldaten. Ein Glücksfall rettete mich: ein früherer Schulkamerad, der jetzt Leutnant oder auch nur Junker war, begrüßte mich mit lachendem Erstaunen: »Wie kommst denn du da her?« Als er die wunderlichen Zusammenhänge erfahren hatte, ließ er die erboste Menge vertreiben und das Gitter schließen. Aber die zur Wut entflammte Menge wich und wankte nicht, fanatische Mordknechte rüttelten wie Tiger an den Eisenstäben, wild gewordene Weiber schrien gellend, man solle mich herausgeben; das Grinsen der Soldaten erbitterte sie bis zum Taumel. Ich blieb bis zum Abend in der Schutzhaft der Truppe, bis der letzte meiner Verfolger, des Wartens und Geiferns müde geworden, sich entfernt hatte. Dann erst konnte ich mich, verstohlen und angstvoll genug, auf die Straße wagen und eilig in unsere nahe Wohnung fliehen. Für einen Bericht war es natürlich zu spät geworden; nachträglich erst wurde ich mir der Gefahr bewußt, in der ich geschwebt hatte.

Der Leser, besonders der jüngere, wird diesen Bericht für lächerlich übertrieben halten. Er kann sich die Spionenfurcht jener ersten Kriegstage nicht vorstellen – tue ich doch selbst mich schwer, diese Fieberstimmung wieder heraufzubeschwören, von der sonst ganz harmlose Bürger ergriffen wurden: Bombenwerfer, Brunnenvergifter, Verräter wurden überall gewittert, Mönche und Nonnen galten als verkleidete Spione, jedes Auto war verdächtig, Feinde und Goldschätze über die Grenze zu schmuggeln. Manchen Unschuldigen ging es übler als mir; und wer immer noch das Märchen von der edlen Begeisterung glaubt, die einzig das Volk bewegte, der hat gewiß den besoffenen Pöbel nicht gesehen, die zertrümmerten Fensterscheiben und die rohen, ja oft blutigen Szenen, die sich da und dort abspielten.

Das andere Abenteuer dieser Art erlebte ich viele Jahre später, wieder als Pressemann, bei einem Manöver, kurz vor dem

Zweiten Weltkrieg, irgendwo in Oberbayern. Die Herren vom Stab begrüßten uns Zeitungsleute mit einer herzlichen, ja liebedienerischen Höflichkeit, ihnen mußte ja an wehrfreudigen Berichten gelegen sein; ein Kameradschaftsabend krönte den Empfang. Andern Tags wurden wir, etwa ein Dutzend Berichterstatter, einem Major anvertraut, der uns durch das Gelände führen sollte. Wir hatten völlige Berichtsfreiheit, einzig das Fotografieren neuer Geräte aus unmittelbarer Nähe war von der Erlaubnis des Begleitoffiziers abhängig gemacht, technische Einzelheiten durften nicht zu erkennen sein.

Der Major war die Liebenswürdigkeit selbst, wir gingen und fuhren die Stellungen ab, wir brausten im Geländewagen, wir holperten in den hoch sich werfenden Fahrzeugen der Panzerabwehr, wir stiegen in die stählernen Ungeheuer der Panzer, wir sahen Schützenzüge und Pferde, Kanonen und – das riesige, mehrere Meter lange Richtgerät der Artillerie.

Es stand, weit genug entfernt, über einer Ackerwelle voller Strohhaufen, schwarz, undeutlich, aber ungemein malerisch gegen das Hügelland und das Gebirge: es müßte ein prächtiges Bild werden.

Ich fragte den Herrn Major – natürlich, auf die Entfernung! Ich hob mein Kästchen ans Auge, aber kaum hatte es klick gemacht, stürzten aus zwei, drei Strohhaufen schwarze SS-Männer hervor, stürmten auf mich los, entrissen mir den Apparat, schlugen mir die Pranken auf die Schulter und verhafteten mich wegen Spionage. Der Major stand blaß daneben und sagte kein einziges Wort; auch als ich ihm zurief, er habe doch die Erlaubnis gegeben, stotterte er nur etwas Unverbindliches. Ich will gewiß nicht sagen, daß alle Offiziere so feig gewesen wären, aber wie die Machtverhältnisse lagen, konnte ich und konnten die erschrockenen Kollegen leicht einsehen.

Wieder war mir das Glück günstig: ein mutiger, kleiner, dikker Herr wies sich, gar nicht schüchtern, als Verbindungsmann zwischen Presse und Partei aus und verhinderte wenigstens, daß ich gleich abgeführt wurde. Die Besichtigung wurde abgebrochen, wir marschierten zum Stabe zurück, ich voran mit den schwarzen Gesellen, der Major, kläglich schweigend, hinterdrein.

Der freundliche, der piekfeine, der schneidige Oberst von gestern abend, der hosenrote Generalstäbler war plötzlich eiskalt, schnarrend erklärte er, der vor wenigen Stunden das Glas noch auf die Presse erhoben hatte, er sei hier nicht zuständig –

und wieder war es der tapfere Kollege, der wenigstens erreichte, daß wir unverzüglich zum Generalkommando nach München fahren durften. Mein Film wurde dort entwickelt, die Aufnahme für unbedenklich erklärt, mit lahmer Höflichkeit wurde ich entlassen.

Also wieder eine Geschichte ohne Pointe; denn das Unbehagen, das ich empfand, macht gewiß auf den Leser keinen Eindruck, sei es, daß er weit schlimmere Abenteuer selbst miterlebt, sei es, daß er, ein Friedens- und Wirtschaftswunderkind, von dergleichen keine Ahnung hat.

Ernst Toller

Wie mancherlei ich auch sammle, Autographen zählen nicht dazu; so blätterte ich, im November 1966, auch ziemlich flüchtig den Katalog einer Münchner Versteigerung durch, bis mein Blick auf meinen eignen Namen fiel: Ein Jugendfreund hatte die ihm von mir geschenkten Briefe von Klabund, Wolfskehl, Bruno Frank und andern zum Verkauf ausbieten lassen. Auch von Ernst Toller waren zwei darunter.

Am meisten kränkte mich, daß ich in den Verdacht kommen mußte, selbst so persönliche Erinnerungsstücke verschachert zu haben; mein Trost war, daß diese Schriften ja doch 1945 verbrannt wären, wie so viele, weit wichtigere Zeugnisse jener Zeit.

Jedenfalls, mit einem Schlag stieg eine versunkene Welt der Jugend in mir auf, als ich in dem Katalog las: An den Gefreiten Eugen Roth: dankt er im ersten Brief für Bücher, so bittet er im zweiten, bei einem Fräulein Huber seine Skier abholen zu lassen. »Wenn ich dann nach München komme, hole ich sie mir. Vorerst müssen sie aber bestimmt von Fräulein Huber fortkommen. Aus guten Gründen !! Laß Dir die Hand drükken und streck dabei nicht die Zunge 'raus!«

Dieser Brief – auf den ersten Blick gewiß nicht wichtig – kommt aus Heidelberg, im Oktober 1917; er deutet schon an, daß sich Ernst Toller in die Politik gestürzt hat und »aus guten Gründen« seine Münchner Spuren verwischen will.

Ich möchte, das sei vorweg gesagt, hier weder über die Politik noch über die Literatur viel erzählen, sondern nur kurz von dem Stück Weges berichten, auf dem ich Ernst Toller begleitet habe.

Ernst Toller kam, nicht schwer verwundet, sondern mit den Nerven am Ende, aus dem Felde und Lazarett 1916 nach München; er war ein Regimentskamerad meines Bruders bei der schweren bayrischen Artillerie gewesen. Wir waren beide junge Dichter, im Kutscherkreis freundeten wir uns an; zu Weihnachten spielte er in Otto Falckenbergs Stück den heiligen Joseph, ich mußte mich mit der Rolle eines alten Bauern begnügen. Als ein Engel erschien uns Hanna Kiel, noch ganz ein freideutsches Mädchen, in das wir beide verliebt waren, ich auf Lebenszeit hoffnungslos, wie weit Toller, der große Frauenfreund, kam, weiß ich nicht. Damals jedenfalls redeten wir halbe Nächte lang von ihr kaum weniger als von der Literatur; von der Politik so gut wie gar nicht.

Im Frühjahr 1917 ging Ernst Toller nach Heidelberg; in den Osterferien besuchte er mich in Bad Wörishofen, und es ist mir unvergeßlich, wie er daherkam, in einer Art Trachten-Räuberzivil, einen grünen Hut auf dem Kopf und einen gewaltigen Hirschgeweih-Spazierstock in der einen Hand, während er in der andern den von mir entliehenen Band ›Der Aufbruch‹ von Ernst Stadler trug, zwischen dessen Seiten er, als einziges Gepäck, seine Zahnbürste geklemmt hatte.

Natürlich wäre es falsch, nach diesem Aufzug, den er vielleicht dem bayrischen Landbesuch schuldig zu sein glaubte, seine sonstige, durchaus gepflegte Erscheinung zu beurteilen. Er war ein schöner junger Mann und wußte es auch; schwarzglänzenden Haares, dunkelgelblich von Gesichtsfarbe, mit unvergeßlich großen, glühenden Augen konnte er wie ein Prinz aus ›Tausendundeiner Nacht‹ aussehen, sein Zorn war blitzend, sein Lächeln bezaubernd, seine Schwermut ergreifend. Ich könnte freilich auch sein Geltungsbedürfnis, seine blinde Eitelkeit anführen, aber darüber haben sich ja schon zu viele geäußert. Im Grunde war er ein scheuer Mensch, den Gefühlen mißtrauend. Im Januar 1918 brach der Streik der Munitionsarbeiter in München aus; Toller war einer der ersten, die herbeieilten und sich auf die Rednerbühne schwangen, in Sälen, unter freiem Himmel, im Gewühl der Massen. »Still, der Student spricht!« hörte ich neben mir, fast andächtig, eine alte Frau rufen, und wirklich lauschte die Menge, solange er sprach, feurig und überzeugend, solang es, damals, nur um Worte ging, große und schöne Worte. Ein Hauch edler Freiheit, ein Klang guten Willens ging von ihm aus.

Der Streik wurde niedergeschlagen, der Krieg ging weiter. Schon lange zuvor hatte Toller, als wir auf der Straße einmal einem Gefesselten begegneten, wehmütig-spöttisch zu mir gesagt: »Ihr dürft alle wegschauen, wenn ich so in Handschellen ins Gefängnis geführt werde« – jetzt war es soweit. Toller kam in die Militärstrafanstalt in der Leonrodstraße, von den Münchnern kurz »Franzl« genannt. In seinen Erinnerungen behauptet er, niemand sei zu ihm gekommen; das stimmt nicht, zweimal habe ich ihn besucht, er saß zwischen Bergen von Büchern, er schrieb an seiner ›Wandlung‹, er war, den Umständen entsprechend, eigentlich ganz guter Dinge, er hatte doch wohl ein paar Vergünstigungen gegenüber anderen Gefangenen, denen es schlecht genug gehen mochte. Und Kriegsbrot und Graupensuppe aßen wir schließlich damals alle.

Im Mai 1918 bekam ich eine Vorladung vom Landgericht als Zeuge in Sachen »Eisner und Genossen wegen versuchten Landesverrats«. Der Untersuchungsrichter, mit dem passenden Namen Schraub, war gewiß nicht unfreundlich, er kannte meinen Vater; er war aber zäh darauf aus, daß ich Toller für verrückt erklären sollte; obwohl ich sofort sah, daß das vielleicht nicht der schlechteste Ausweg wäre, konnte ich mich nicht entschließen, meinen Freund glatt für unzurechnungsfähig zu halten; es wurde ein sehr gewundenes Protokoll, unter das ich, nach einigen Verwahrungen, meine Unterschrift setzte.

Ich hörte dann geraume Zeit nicht viel von Toller; nie darf der Leser vergessen, daß ja inzwischen das eigne Leben weiterlief, auf vielen Bahnen. Im Sommer 1917 war ich als Feuerwachmann in die Entlausungsanstalt Rosenheim eingezogen worden, im Winter 1918 war ich Schreiber im stellvertretenden Generalkommando München, gewiß keine erfreulichen Tätigkeiten. Daneben aber gab es allerhand Ermunterungen, Kurt Wolff hatte meinen ersten Gedichtband für die Reihe: »Der jüngste Tag« angenommen, ich wurde als hoffnungsvoller Dichter herumgereicht, lernte, im Hofgarten etwa, bedeutende Autoren kennen; im Januar wurde bei Kutscher ›Der junge Mensch‹ von Hanns Johst uraufgeführt und, von heute aus, über Jahrzehnte hin, ist es gar nicht so abwegig, zu sagen, Johst hätte grad so gut nach links umfallen können, schwankend, wie er war.

Es kam, im November 1918, die Revolution unter Kurt Eisner; Toller war, soviel ich weiß, in Berlin. Er war aber schon auf dem Wege von St. Moritz nach München, als er die Kunde von Eisners Tod erfuhr.

Die Männer der Revolution habe ich fast alle gekannt oder wenigstens gesehen und reden gehört: Versammlungen, rechts, links, oft wußte man's nicht, bis das Gebrüll begann und einer über die Köpfe weg hinausflog, wie der schmierige Otto Zarek, der auf die drohende Frage, ob er im Felde gewesen sei, die dreiste Antwort gab, er habe Wichtigeres zu tun gehabt.

Unvergeßlich bleibt mir, wie Max Weber mit den ehernen Worten begann: »Wir haben einen Krieg verloren!« Keiner in dem Riesensaal, der's nicht schon gewußt hätte: aber erst in diesem Posaunenstoß erschütterte uns die schreckliche Wahrheit. Bei einem fast noch akademischen Vortrag des Finanzministers Jaffé stand, befremdend genug, Rainer Maria Rilke an einer Säule; schwermütig lächelnd, wußte er selbst nicht recht zu sagen, was er hier suche. Kurt Eisner, bei dessen Begräbnis ich dann selbst mitmarschierte, hörte ich oft sprechen, am kühnsten vor dem gewaltigen roten Vorhang des Nationaltheaters, wo er sich seinen Freunden und Feinden stellte. Gustav Landauer ist wohl die tragischste Gestalt jener Wochen gewesen: er überbot Eisners wirrhaarige Erscheinung noch um ein Beträchtliches; wie eine aus ihrer Höhle gescheuchte Eule flatterte er durch diese aufgeregte Welt, erkannte rasch, daß es die seiner Träume nicht war, und war dann doch der Unglückliche, der es mit grausamem Tod büßen mußte, daß er sich mit ihr eingelassen hatte.

Erich Mühsam, auch eine Schwabinger Urgestalt, war als Anarchist nie ganz ernst genommen worden. Ich hatte ihn zuletzt in einem Hinterstübchen einer Wirtschaft an der Schillerstraße getroffen; es war eine höchst geheimnisvolle, nur auf Losungswort zugängliche Verschwörerversammlung, bei der dann aber recht bürgerlich über die Teuerung gesprochen wurde. Harmlos schien er, harmlos waren ja so viele, bis ihr Wort Blut geworden war und alle Schrecken heraufbeschwor.

Toller habe ich in diesen wildbewegten Nachwinter- und Frühlingswochen wiederholt gesehen und gesprochen, wenngleich er, pausenlos zum Führer erhoben, wieder abgesetzt, verhaftet und neuerdings berufen, nur schwer zu treffen war. Er wohnte nicht mehr in der Akademiestraße, sondern in einer kleinen Pension am Anfang der Ludwigstraße, beim Leuchtenbergpalais, in einem bescheidenen Zimmer im vierten Stock. Von wann an er eine Uniform trug, mit einer seidenen roten

Armbinde, wüßte ich nicht mehr zu sagen. Jedenfalls stand vor dem Hause oft sein riesiger Dienstwagen, und zwei gewaltige, schwerbewaffnete Matrosen waren seine Leibwache. Mit diesen fuhr er auch eines Nachts bei der verehrten Hanna Kiel vor, die über solchen Besuch nicht wenig erschrocken war.

Einmal begegnete ich ihm auf der Straße, als er, soeben auf dem Höhepunkt seiner Macht, das Flugblatt der Räterepublik »an das werktätige Volk Bayerns« hatte hinausflattern lassen. »Den Aufruf hätte ich nicht unterschrieben!« sagte ich ziemlich spöttisch; er wollte aufbrausen; »weil er in einem so miserablen Deutsch abgefaßt ist«, fuhr ich ungerührt fort und zitierte: »Die Riesengewinne des Krieges dürfen nicht mehr als eine Last auf Bauern und Arbeitern liegen!« Das hat ihn, den Dichter, vielleicht tiefer getroffen als jeder Einwand gegen seine verworrene Politik.

Zuletzt sah ich ihn allein in dem riesigen Wagen durch die aufgeregte Stadt brausen, den Heerführer wider Willen, den Sieger von Dachau. Wie unvorsichtig Toller selbst war, hörte ich erst später. In tiefer, lautloser Nacht läutete er Freunde heraus, die erstaunt aus dem Fenster blickten. »Lassen Sie mich herein, ich bin der Toller!« rief er schmetternd hinauf.

Über die letzten April- und die ersten Maitage, wie sie die allgemeine Münchner Bevölkerung erlebte, gibt es wunderlicherweise keinen gültigen Bericht, wenn wir von Josef Hofmillers unerfreulichem Revolutionstagebuch absehen wollen, das uns nur beweist, wie selbst hochgebildete, geistige Männer von blindem Haß geschlagen waren. Auch ich kann mich bei der Schilderung dieser tollen Zeit nicht lange aufhalten, bei diesem oft ineinandergehenden Gemisch von Alltag und Weltgeschichte – denn das hätte es ums Haar werden können.

Wir studierten, die paar stürmischsten Tage abgerechnet, es gab Vortrags- und Tanzabende, heimliche, wilde Faschingsfeste in der Pension Fürmann und in Schwabinger Ateliers. Am Karsamstag, dem 19. April, standen wir um Karten zur Matthäuspassion an, während von ganz nah die Schüsse krachten. Alles war auf einen gewissen sechsten Sinn abgestellt, dafür, ob etwas noch möglich sei oder nicht, ob man's wagen sollte oder bleibenlassen; dabei bezogen die meisten Menschen ihren Mut aus der völligen Ahnungslosigkeit; wer gewitzt war, hielt sich der brodelnden Masse fern, ja er vermied das harmloseste Gespräch: ein falsches Wort, und schon hagelten die Schläge. Alte Feldzügler kannten den Bienenton der Geschosse, warfen sich zu Boden oder duckten sich hinter Mauern; aber andere schauten so verdutzt, wie wir 1914 vor Ypern geschaut hatten, als die ersten Kugeln pfiffen.

Als die weißen Garden in Schwabing einzogen, saßen wir in der Wohnung von Hans Ludwig Held beisammen zu einer Besprechung über die doch immerhin rosarote »Gesellschaft für Neue Erziehung« – wir hätten uns weiß Gott eine günstigere Zeit dafür heraussuchen können. Als wir vom Fenster aus sahen, wie die Soldaten auf der Suche nach Dachschützen und Verstecken in die Häuser drangen, wurde uns doch etwas schwül; wir mimten eine fröhliche Kaffeepartie – aber geholfen hätte uns diese Tarnung wohl wenig. Zum Glück blieben wir unbehelligt.

Die Ereignisse, die Stimmung nur in Stichworten: Immer wieder macht man die Erfahrung, daß man in weitläufigen Großstädten die Ereignisse spät und nur gerüchtweise hört, vor allem, wenn es keine Zeitungen gibt. Die grauenhaften Vorgänge in Münchens südlicher Umgebung, die erbitterten Kämpfe in den Vororten und Arbeitervierteln erfuhren wir erst nach und nach; nur spätere Besichtigungen der Schauplätze und Vervollständigung des Eindrucks durch Mitteilungen von Augenzeugen ergeben das Bild, das man allzugern als eigene Erinnerung aufbewahrt.

Immerhin durcheilte die Schreckenskunde vom Geiselmord im Luitpoldgymnasium, aber auch des blutigen Wütens der Weißen in Obergiesing und im Schlachthofviertel, mit Windeseile die Stadt. Die Spuren der wilden Straßenkämpfe am Stachus, an der Hackerbrücke und im Umkreis der Löwenbrauerei sah ich erst nach Tagen.

Durch die Karlstraße, in der wir wohnten, peitschten die Schüsse, die Kugeln schlugen Feuer aus den Pflastersteinen. Wohl blieben wir während der gefährlichsten Stunden zu Hause, aber gelegentlich wagten wir, mein Bruder und ich, uns doch an den Rand des Gefechtsfeldes vor, etwa zum Wittelsbacher Brunnen, wo die Weißen ein Maschinengewehr aufgestellt hatten und die Roten nicht nur dem Steinbild des Stiers ein Horn abgeschossen hatten, sondern vor unsern Augen einen allzu vorwitzigen Schlachtenbummler tödlich trafen.

Viele Bürger verhielten sich, in schmerzlichem Begreifen des unseligen Kampfes, still und würdig; andre begrüßten die Befreier stürmisch; es gab aber auch häßliche Szenen, wo gutgekleidete Herren und Damen mit Stöcken und Schirmen auf die gefangenen Rotgardisten einschlugen, die, die Hände hoch, wehrlos durch die Straßen abgeführt wurden, viele Unschuldige waren unter ihnen, von üblen Giftmäulern bezichtigt und ohne viel Federlesens erschossen. Wie erschrak ich, als ich in einem solchen Trupp einen guten Bekannten erblickte, einen Redakteur der ›Münchner Post‹, der gewiß niemandem etwas getan hatte. »Um Gottes willen!« rief ich ihn an, »wie kommen Sie in diese Lage?« Ich lief neben ihm her, ich versuchte, einen verantwortlichen Führer der Weißen auszuspähen – vergebens! Ein roher Bursche stieß mich zurück, und wirklich war es geraten, nicht zu nah an dem Zug des Unglücklichen zu bleiben, leicht hätte der rasende, schimpfende und spuckende Pöbel einen in die Reihe stoßen können.

Am späten Abend kam eine Studentin in unsere Wohnung geschlichen, ich kannte sie kaum; in wilder Verzweiflung flehte sie mich an, ihr für einen mir völlig fremden Herrn Katzenstein meinen Personalausweis zu leihen; er müsse heute noch über die Grenze. Ich gab ihr das Papier – und war heilfroh, als ich es nach Wochen auf Umwegen aus der Schweiz zurückbekam.

Am dritten oder vierten Mai holte mich ein Kriminaler ab; stehenden Fußes mußte ich mitkommen: ich sollte, als ein naher Bekannter von Toller, im Ostfriedhof eine unbekannte Leiche daraufhin prüfen, ob es der gesuchte Rädelsführer sei.

Das grauenvolle Bild des Friedhofs im einzelnen zu schildern, soll mir nicht zugemutet werden. Die toten Kommunisten lagen gestapelt übereinander, zerschossen, zerlumpt, verzerrt; manche halbnackt, bloßfüßig; wo es nur anging, am Hals, an den Zehen hatten sie Zettel mit ihren Personalien hängen. Blut war unter den Leichenbergen weggeflossen, jetzt bedeckte es schwärzlich den Boden.

Im Schauhaus hatte man die Leichen von Menschen aufgebahrt, die, entweder als vermutliche Führer der Revolution oder als offensichtlich unbeteiligte Opfer aus bürgerlichen Kreisen, abgesondert worden waren. Der Kriminaler führte mich vor einen Schragen, auf dem ein junger Mann in feldgrauer Uniform mit roter Armbinde lag; ich sah in ein friedliches, nobles Gesicht, auf schöne, schlanke Hände. Der Jüngling hatte braunes, fast blondes Haar. Ich sah auf den ersten Blick, daß es Toller nicht sein konnte; aber ich wußte auch, daß es dem vielleicht noch Lebenden einen Vorsprung gab, wenn ich diesen Toten für den Gesuchten erklärte. Ich sagte also dem Kriminaler, daß ich's nicht mit Bestimmtheit feststellen, wohl aber für möglich, ja wahrscheinlich halten könnte.

Der Mai verging, die Stadt und auch unser Leben beruhigten sich äußerlich; es gärte aber noch heftig überall; die rohe Erschießung von einundzwanzig unschuldigen Handwerksgesellen hatte auch weite Kreise der ursprünglich den weißen Befreiern zugetanen Bürgerschaft ernüchtert. Lange noch wurden nächtliche Haussuchungen auf brutalste Weise durchgeführt, in den Arbeitervierteln Handgranaten in den Betten der Frauen gefunden, in der Innenstadt und besonders in Schwabing Juden und Intellektuelle überhaupt aufgestöbert. Die haßerfüllten Verdächtigungen nahmen kein Ende. Daneben lief das tägliche Leben weiter.

Ich ging durch die Ludwigstraße, da trat geheimnisvoll ein Herr Lippmann auf mich zu: Ich müsse Toller verbergen, seine bisherigen Verstecke seien zu unsicher geworden. Als ich ihm aber erklärte, wie unmöglich es sei, in einer vielköpfigen Familie, in der es zugehe wie in einem Taubenschlag, unterzuschlüpfen, abgesehen davon, daß ja auch ich in den Kreis der Verdächtigen gehöre, sah er das ein, wollte aber, daß ich Toller selbst davon überzeugen sollte.

So sah ich denn meinen Freund wieder, in einer Wohnung an der Franz-Joseph-Straße; erkannt hätte ich ihn freilich nicht. Seine Haare waren brandrot gefärbt, eine blaue Brille verbarg seine Augen, und auch sonst waren allerhand Verkleidungskünste an ihm vorgenommen worden. Später wurde mir erzählt, er habe sich nach dieser Verwandlung eitel vor den Spiegel gestellt mit der Frage, ob ihn nun wohl die Frauen noch möchten... er sei freilich dann derb zurechtgewiesen worden, daß er in der Stunde, wo Hunderte vielleicht um seinetwillen erschossen würden, sich in solchen Hanswurstiaden gefiele.

Es vergingen Tage und Wochen, Toller, auf dessen Kopf die Regierung einen Preis von zehntausend Mark gesetzt hatte und dessen Bild von allen Litfaßsäulen blickte, war verschwunden, und auch ich wußte nicht, wo er sich verborgen hielt; in München oder vielleicht schon jenseits der Grenze.

Eines späten Abends – ich war über Land gewesen – fand ich einen Zettel auf meinem Bett, ich müsse unverzüglich zu einem Hauptmann Mayer von der Weißen Garde kommen. Mit schwerem Herzen ging ich hin. Der Mann war nicht unfreundlich. »Sie wissen, wo Toller steckt!« Er wollte mir's auf den Kopf zusagen. Ich beschwor's mit dem verlangten Ehrenwort, keine Ahnung zu haben. Er glaubte mir; er sagte: »Wir wissen, daß er sich in Schwabing verbirgt; er ist so gut wie umstellt; wenn ihn die Soldaten aufspüren, schlagen sie ihn tot. Es liegt an Ihnen, das zu verhindern; suchen Sie Verbindung mit ihm aufzunehmen, raten Sie ihm, sich freiwillig zu stellen, noch heute nacht; morgen schon kann ich diesen Vorschlag vielleicht nicht mehr aufrechterhalten. Ich gebe Ihnen freie Hand, ich werde niemanden auf Ihre Spur setzen!«

Welch scheußliche Lage! Wollte der Offizier, und sei's auch nur aus Ehrgeiz, Toller wirklich vor dem Tode retten und sich meiner als eines ehrlichen Mittlers bedienen? Wollte er mich als Spürhund mißbrauchen, daß ich meinen Freund verriete, auf dessen Kopf obendrein der Judaslohn von zehntausend Mark gesetzt war?

Die Qual der Entscheidung will ich, schier fünfzig Jahre später, nicht schildern; allzuleicht könnte heute jedermann behaupten, er hätte sich, auf jede Gefahr hin, geweigert; zumal er seither weiß, daß Toller entdeckt und nicht sofort umgelegt wurde. Aber war nicht, aus bloßem Irrtum, ein Kriminaler auf den Ruf hin, »das ist Toller!« von einer andern Streife erschossen worden?

Kurzum, ich machte mich auf den Weg, den schwersten Gang meines Lebens. Die Straßen waren leer und endlos; niemand begegnete mir, niemand, das stellte ich angstvoll um mich spähend fest, beschattete mich. Schreckliche Überwindung, an fremden Türen zu läuten, um zwei Uhr nachts, in jener Zeit der Durchsuchungen und Überfälle, gräßliche Beschämung, verstörten, mißtrauischen Menschen mein Anliegen zu erklären, das dem eines Polizeispitzels verflucht ähnlich sah – und doch ein Opfergang war, zum Glück ein vergeblicher. Ich hatte getan, was ich für meine Pflicht hielt, nun mochte das Schicksal seinen Lauf nehmen. Der Hauptmann, dem ich im Morgengrauen meine Meldung machte, zuckte nur die Achseln, er entließ mich, ohne zu fragen, wo ich gewesen war. Ich bin heute noch der Meinung, daß er kein falsches Spiel getrieben hat.

Tollers Verhaftung, zwei, drei Wochen später, habe ich in der Zeitung gelesen, wie jeder andre Münchner auch. Sofort beschloß ich, ihn im Gefängnis Stadelheim zu besuchen; erstaunlich leicht bekam ich die Erlaubnis. In Giesing waren noch überall die Spuren der furchtbaren Straßenkämpfe zu sehen; zerschossene Häuser waren damals, ein Vierteljahrhundert vor den Bombenzerstörungen, ein bestürzender Anblick. Aber schrecklicher noch war die dumpfe, lastende Qual, die über der ganzen Gegend lag.

Die einsam, fast auf freiem Felde liegende Strafanstalt, die gewiß in den letzten Wochen der Schauplatz entsetzlicher Greuel gewesen war, hatte das eisige Schweigen des Alltags wieder aufgenommen. Ordnungsgemäß wurde ich durch Gänge und Gitter in den Sprechraum geführt, schier unvermutet stand mir Ernst Toller gegenüber. Er sah nicht schlecht aus; nur seine Haare waren wunderlich, die Spitzen noch rot, der nachgewachsene Schopf tiefschwarz. Wir konnten nur wenige Worte wechseln; er hatte gehört, daß ich ihn hatte suchen sollen, er begriff meine peinliche Lage, er dankte mir für den guten Willen.

Ich habe Ernst Toller nicht wiedergesehen; als er verhandelt wurde, war ich krank. Aus Niederschönenfeld, wohin ich ihm manches Buch schickte, kamen spärliche Briefe, darunter auch die Einladung zur Uraufführung seiner ›Wandlung‹ in Nürnberg. Ich konnte nicht hinfahren.

Jahre später war ich schon Schriftleiter der ›Münchner Neuesten Nachrichten‹; ich hatte Nachtdienst, der Fernsprecher summte; ich meldete mich, eine Stimme, die ich sofort erkannte, fragte, ob ich allein sei. Ernst Toller, auf dem Weg ins Ausland, wollte mich noch einmal sehen. Es war nicht möglich, der Metteur wartete mit dem Umbruch, unglücklicherweise hatte ich auch noch einen Kollegen zu vertreten, einen Ersatzmann aufzutreiben war aussichtslos. So blieb es bei wenigen, herzergreifenden Abschiedsworten; unwirklich, wie mit Geisterstimme schienen sie mir gesprochen, ein Traum, den dann erst der lärmende Betrieb des Setzersaales zerblies.

Ein Strauß Rosen

Als junger Mann bin ich in den zwanziger Jahren zum erstenmal allein in Berlin gewesen, und für einen Hinterwäldler, wie ich einer war, war das auch ohne eigentliches Abenteuer abenteuerlich genug. Alles wollte ich sehen, gewaltige Fußmärsche machte ich, vom Humboldthain bis zur Hasenheide, vom Lietzensee bis zur Frankfurter Chaussee, gar nicht zu reden von der Innenstadt, vom Tiergarten, Alexanderplatz und den vielen Museen.

Wieder einmal war ich nach unersättlichen Wanderungen durch endlose grade Straßen spät abends in einem Kaffeehaus gelandet; ein kümmerliches Weiblein bot, von Tisch zu Tisch fragend, Rosen an – sie tat mir leid, aber was sollte ich Einsamer mit Blumen? Da fiel mir ein, daß in einem nicht allzuweit entfernten Kabarettchen eine mir von München her bekannte Sängerin auftrat, keine große Künstlerin, gewiß nicht, aber grade deshalb sicher doppelt dankbar dafür, sich vor dem Publikum mit einem Strauß vor der Brust verbeugen zu können: Seht her, mir fehlt's nicht an Verehrern, die mich mit Rosen überschütten!

Mit der Frau, die schon betrübt ihres Weges gehen wollte, wurde ich rasch handelseinig, sie konnte es erst gar nicht fassen, als ich sie fragte, was alle Rosen kosten sollten, sie waren am Abend dieses Hochsommertages billiger, als ich mir's überschlagen hatte; vielleicht wußte die Verkäuferin auch, daß die eben noch leidlich frischen Blüten andern Tags nicht mehr abzusetzen wären.

Selbst das Tingeltangel zu besuchen war ich zu müde, pflastermüde, verstaubt, unfrisch – aber abgeben wollte ich sie, die Rosen, zartsinnig mich selbst ankündigend für einen der nächsten Abende. Ich ging also hin und suchte so was wie einen Bühneneingang, als mir aus der halben Finsternis eine feindselige Stimme entgegenschnarrte: »Nee, Männeken, det machen wa selber!« Ehe ich begriff, was dieser Zuruf bedeuten sollte, hatte der Türhüter sich mir in den Weg gestellt, barsch fuhr er mich an: »Hier Blumen verkoofen, is nicht!« Eine so schnöde Verkennung eines Rosenkavaliers brachte mich in Zorn, und ich herrschte den schäbigen Kerl, der mich unverfroren durch seine Nickelbrille anstarrte, höhnisch an, ob ich denn so aussähe. »Jawohl!« sagte er ungerührt, »so sehen Sie aus!« Und es bedurfte vieler guter Worte und eines noch besseren Trinkgeldes, bis sein Mißtrauen geschmolzen war und er den Auftrag übernahm, den Rosenstrauß dem bewußten Fräulein auf die Bühne zu bringen.

Der Bergführer

Mitunter ist eine Unverfrorenheit gar keine, wenn man näher hinschaut: In Berchtesgaden, ein Bergführer – mein Vater hat's

41

mir erzählt, ob's auch er aus zweitem Mund hat oder gar aus drittem, weiß ich nicht – der Bergführer also hat einen Herrn auf den Watzmann begleitet, keine schwierige Tour; und wie ihn der Herr am Unterkunftshaus ablohnt, mehr eine Hütte war's damals noch, um die Jahrhundertwende, kein Hotel, wie jetzt, da gibt er ihm in seiner Freude ein funkelnagelneues goldnes Zehnmarkstück, viel, viel mehr, als der Führer hätte erwarten oder gar verlangen dürfen. Der Mann grinste übers ganze Gesicht, aber plötzlich bleibt er stehen und schaut zum Abschied den Herrn schier traurig-bittend an. Der fragt, die Türklinke schon in der Hand, ziemlich streng über die Schulter, ob das nicht genug sei. »Naa, naa, eher z'viel!« beschwichtigt ihn der Führer, aber treuherzig setzt er hinzu: »Wenn S' mir halt noch a Maß zahln täten, damit i des Goldstückl net anreißen muß!«

Peinliche Verwechslungen

Ein Opfer von Verwechslungen zu werden ist, wie schon das Wort Opfer andeutet, keine angenehme Sache. Selbst wenn wir, als der vermeintliche Geliebte, in der Dämmerung einen Überraschungskuß bekommen, ist es mehr peinlich als beglückend, und wenn ein Schalterbeamter, wohlwollend zerstreut, tausend Mark vor uns hinblättert, die erst dem Herrn hinter uns zustehen, ist es schier demütigend, ihn auf den Irrtum hinzuweisen.

Aber es gibt ernstere, ja gefährlichere Fälle. Als man noch Spazierstöcke trug, vor einem Menschenalter, stieg ich, ein junger Mann, mit einem solchen bewaffnet, ahnungslos in eine Straßenbahn; bewaffnet ist hier keine schal gewordene Redensart: mein Stock war eine Keule, silbertauschiertes Hartholz, ein Geschenk meiner russischen Tante, in Tula als Massenartikel hergestellt, in München freilich selten zu sehen.

Kaum, daß ich saß, stürzte eine aufgeregt kreischende alte Dame auf mich los, griff nach dem Stock und schrie gellend durch den voll besetzten Wagen, triumphierend, endlich habe sie den Dieb erwischt, der den Stock ihres Bruders gestohlen habe. Wir wollen uns nicht lange aufhalten, eine harmlose Geschichte, so ähnlich gewiß manchem Leser auch schon zugestoßen, mit Massenware, die sich ähnlich sieht wie ein Ei dem andern.

Aber kurz nach dem zweiten Krieg, das war schon abscheulicher: Wieder in der Straßenbahn, der rumpelnden, überfüllten, stinkenden; Mensch an Mensch gepreßt und ich ausgerechnet gegen einen schmutzigen, hohlwangigen, zahnfäuligen Kerl gedrückt, der seine stechenden Augen unverschämt in mich bohrte und plötzlich losplärrte, er, an meiner Stelle, würde sich nicht mehr unter die Leute trauen, als ein Schinder und Mörder, den man auf der Stelle aufhängen müsse.

Es waren üble, bösartige Zeiten damals, sie sind heute denen schwer zu erklären, die sie nicht mitgemacht haben. Die Mitfahrer, trotz der qualvollen Enge, rückten von mir ab, ein paar Männer nahmen eine drohende Haltung gegen mich ein, gleich würde der erste Schlag fallen – noch lächelte ich krampfhaft, versuchte, meine Wut, meinen Schrecken verbergend, mit bebender Stimme dem Manne wie den Umstehenden zu erklären, daß hier ein verhängnisvoller Irrtum im Spiele sei – aber der Rasende überschrie mich: nichts von einem Irrtum, er kenne mich genau, schließlich habe er jahrelang Zeit gehabt dazu, im Kazett in Dachau, wo ich Kapo gewesen sei und einer der gemeinsten. Und es helfe mir nichts, daß ich mir den Schnurrbart abrasiert hätte.

Das mit dem Schnurrbart schien den Leuten auf eine infame Art einzuleuchten, sie wurden noch aufsässiger, meine Lage schien aussichtslos. Die sogenannten Gutgesinnten duckten die Köpfe oder starrten angespannt aus dem Fenster, was ging sie die Gaudi an, jeden Tag gab's solche Scherereien, heim wollten sie, sonst nichts. Die Bösen aber, und deren gab's viele – längst sind sie wieder gesittete Fahrgäste geworden, aber morgen schon wieder können sie Schimpfer und Schläger sein – die Bösen wollten es weitergetrieben sehen, bis aufs Blut; und schon schrie eine Stimme aus dem Hintergrund, man solle doch den verdammten Nazi hinausschmeißen.

Wenn ich je dankbar dafür war, ein stadtbekannter Münchner zu sein, dann war's in dieser Sekunde: ein Mann, mächtig wie ein Schrank, lüpfte sich von seinem Sitz. »Jessas, des is ja der Doktor Roth!« rief er mir fast fröhlich zu und wischte, wie beiläufig, meinen Peiniger zur Seite, um mir die riesige Hand zu reichen. »Hätt Eahna bald nimmer kennt!« sagte er gemütlich, »samma halt a bissel mager worn. Und Sie«, pfauchte er den immer noch aufbegehrenden Kerl an, »Sie san jetzt stad, sonst kriagn Sie's mit mir z'toan.« Die Volksmeinung hatte sich rasch gewandelt, die giftigen Blicke galten nun meinem Verleumder, und eine alte Frau fand sogar den Mut, zu zetern, es sei eine Unverfrorenheit, einen anständigen Herrn so zu verdächtigen.

Trotzdem, bei der nächsten Haltestelle stiegen wir aus, mein unbekannter Retter, weil er sein Fahrziel erreicht hatte, ich, weil es mir doch noch unbehaglich war, mit dem üblen Burschen weiterzufahren. Er konnte ja, haßerfüllt, wie er war, mir an der Endstation auflauern, und schwerlich würde ich ein zweitesmal einen so gewichtigen Zeugen meiner Unschuld finden.

»Des hätt saudumm 'nausgehn könna«, sagte mein Retter zum Abschied, »a so a Sauhund, wenn si' in oan verbeißt, den schüttelt ma' so leicht net ab – und Sie schon gar net« – wobei er einen abschätzigen Blick auf meine schmächtige Figur warf.

Auf dem langen Heimweg zu Fuß begriff ich erst schaudernd, welcher Gefahr ich entronnen war.

Enttäuschungen

An einem verregneten Augustsonntag ist auch ein Mensch und Christ auf den Himmel nicht gut zu sprechen; die Nerven lassen aus. Eine wildfremde Frau rief mich an, sie habe gehört, ich sei ein Fachmann für Spitzenbilder, sie verstehe nichts davon, habe jedoch eine größere Zahl von Heiligenbildern erworben, ob sie mir die zeigen dürfe. Natürlich, bitte sehr, sofort.

Ich bekam, eine Stunde später, einen Klebeband zu sehen, prall gefüllt mit den wunderbarsten, unglaubwürdigsten, märchenhaftesten – lieber Leser, setze getrost diese abgegriffenen Beiwörter fort! – Pergamentblättchen. Was ich in dreißig mühseligen Sammlerjahren nicht entdeckt hatte, ein blindes Huhn, was sag' ich, eine Gans hatte es gefunden, in Südtirol, just dort, wo ich oft schon, vergebens, herumgespirscht hatte. Eine uralte Dame war der Ahnungslosen verraten worden, um ein Spottgeld hatte sie der Zögernden den Band abgelassen; die wußte auch jetzt nicht, was für einen Fang sie gemacht hatte.

Ich vergilbte vor Neid, ich haderte mit dem Schicksal, ich stürzte mich in das Schwert meiner Verzweiflung. Am Montag früh, nach einer schlecht verschlafenen Nacht, war schönes Wetter, die Post brachte einen Brief, von einer unbekannten Gräfin, sicher wollte die nur ein Autogramm – aber nein: sie sei nun sehr alt, schrieb sie, ihr Leben lang habe sie Heiligenbild-

chen aller Art gesammelt, jetzt suche sie eine Heimat für diese
kleinen Kostbarkeiten, nicht verkaufen, verschenken wolle sie
alles, nur daß sie getrost sterben könne im Bewußtsein, daß
dieser Schatz gut aufgehoben sei.

Ich haderte mit dem Himmel nicht mehr, ich schämte mich,
es je getan zu haben, gestern erst besonders heftig; ich pries die
wunderbaren Wege der Vorsehung – eine alte Gräfin, die ihr
Leben lang gesammelt hatte, das mußte ja eine unschätzbare
Gabe sein! In freudiger Zuversicht, den oft gerechtfertigten
Argwohn unterdrückend im Jubel des beinah schon sicheren
Besitzes, in Träumen schwelgend, fieberte ich der nahen Erfül-
lung entgegen. Gütiger Himmel, der mir hundertfältig das bringen wollte, was er mir vorbehalten zu haben schien!

Du fürchtest mit mir, geliebter Leser, daß die Sendung nie
kam, daß die Gräfin gestorben war, ehe sie das Füllhorn auf
mich ausgeschüttet hatte, daß ein frommer Pater dazwischen
seine Klauen gebracht hatte, in letzter Stunde – nein, das Paket
kam!! Der Himmel kann nicht heiterer sein als mein Gemüt
beim Öffnen des Päckchens – aber auch ein Blitz nicht niederschmetternder als der erste Blick, den ich auf den scheußlichen
Schund warf.

Alltag und Abenteuer

Wer, wie ich, am Ende des vorigen Jahrhunderts geboren ist, hat Glück gehabt. Er ist gerade noch recht gekommen, um die letzten Friedensjahre zwar nicht mehr zu genießen – dafür sorgte die Schule –, aber sie wenigstens mit leidigem Verständnis zu begreifen und ihr Bild in die jüngste Zeit herüberzuretten. Denn bis an die Schwelle des Ersten Weltkrieges ging, in München gar, das Biedermeier. Schon wenige Jahre früher oder später sind da von bedeutendem Unterschied. Der berühmte Jahrgang 1902 gehörte einer völlig andern Generation an, und die sieben Jahre, die ihn von 1895 trennen, sind eine weitere Strecke als doppelt so viele Jahre, nach rückwärts, ins alte Jahrhundert hinein.

Und so wage ich die Behauptung, daß wir, die heute Achtzigjährigen, den eigentlichen Einbruch der Technik ins Bürgertum mitgemacht haben, die Anfänge, auf die es ankommt, die der Mensch unmittelbar erlebt. Der Beispiele wüßte ich viele zu berichten, ohne mich durchaus zum Lobsprecher der guten alten Zeit zu machen. Alles fließt, und wann wir die Grenzen der humanen Welt überschritten haben, wird sich nie genau feststellen lassen.

Ich kam zwei Jahre nach der elektrischen Straßenbeleuchtung zur Welt. Freilich war München besonders spät dran, weil die vom Gaslicht begeisterten Stadtväter den alten Ferdinand von Miller ausgelacht hatten, der seinerzeit vor einem langfristigen Vertrag warnte, weil ein noch besseres Licht als das Gas erfunden werden könnte. Wenn die städtischen Arbeiter die großen Bogenlampen herunterließen, um sie zu reinigen, standen die Kinder noch andächtig dabei. In den meisten Straßen jedoch ging noch viele Jahre lang der Laternenanzünder mit seiner geheimnisvollen Lichtstange herum, eine heute schon verschollene poetische Gestalt.

Wir selbst brannten natürlich noch die Petroleumlampen, aber nebenan in der Gastwirtschaft Zur Walhalla gab es jenes leise sausende, halbmondförmige offene Gaslicht, von dem Olaf Gulbransson berichtet, er habe es, nicht anders als eine Kerze, vor dem Schlafengehen ausblasen wollen, womit er beinahe sein eigenes Lebenslicht ausgeblasen hätte.

Noch im Jahre 1881 standen, wie Oskar von Miller erzählt, auf der Pariser Ausstellung die Menschen zu Hunderten an, um eigenhändig den Schalter einer Edison-Glühlampe an- und ausdrehen zu dürfen. Die Selbstverständlichkeit, mit der heute ein dreijähriges Kind das Licht anknipst, haben wir erst als Erwachsene gelernt.

Natürlich waren vor 1900 längst eine Reihe von Erfindungen gemacht und sogar von einem kleinen Kreis Fortschrittlicher schon praktisch erprobt – aber wir dürfen nicht vergessen, daß in den breitesten Schichten des Bürgertums – vom flachen Lande gar nicht zu reden! – noch bis an die Schwelle des Ersten Weltkrieges eine heftige Abneigung gegen alle Neuerungen herrschte und, vor allem, eine gewaltige Angst, selbst mit solchem Teufelswerk etwas zu tun zu haben.

Bauersfrauen, die nie mit der Eisenbahn gefahren waren, gab es in unserer Kinderzeit noch häufig genug, Leute, die sich nicht bewegen ließen, sich dem geheimnisvollen Kästchen des Photographen zu stellen, nicht minder. Und der Werdegang eines Lichtbildes – heute trägt der Liebhaber seinen Film zum Fachgeschäft – war ja auch noch aufregend genug, wenn der alte Zauberer, der Doktor Billinger, seine Kopierrähmchen ins grelle Sonnenlicht stellte oder uns gar in die Dunkelkammer mitnahm.

Die Hochräder wurden vom Velociped oder Bicycle abgelöst, Liebespaare fuhren auf dem Tandem ins Grüne, in einer abenteuerlichen Tracht, und ganze Radfahrvereine ließen sich, mit Standarte, auf fünf- und sechssitzigen Maschinen bewundern. Die Witzblätter aber wurden nicht müde, den Radler zu verspotten. Und dann tauchten die ersten Automobilisten auf mit ihren Benzinkutschen, vor denen die Pferde scheu wurden. Alle aber traf man häufig genug am Stadtrand mit Flicken und Basteln beschäftigt und vom mitleidigen Hohn der Fußgänger begossen.

Die gemütliche Pferdebahn und die schrecklich qualmende Dampftrambahn (nach Nymphenburg) kenne ich noch gut aus eigener Anschauung, so mancher, der mir heute als ungefähr gleichaltrig erscheint, weiß nur noch vom Hörensagen davon. Natürlich waren unsere Eltern im Zeichen des Jugendstils schon »hochmodern«, an den Großeltern gemessen.

Meines Vaters Mutter ließ es sich, wenn sie hörte, daß ein Bekannter nach Berlin reise, nicht nehmen, ihm durch die halbe Stadt einen Brief hinzutragen, um die teure Taxe zu sparen. Sie mutete auch dem Unglücklichen zu, den Brief in Berlin selbst dem Empfänger zu bringen – sie wollte sich nicht belehren lassen, daß das alles mit Hilfe einer Zehnpfennigmarke schneller und einfacher gehe.

Ein völlig verrückter Neffe hatte eines Tages den tollen Einfall, seine Ankunft telegraphisch anzukündigen. Nun stand bei uns allen noch lange Zeit fest, ein Telegramm könne nur eine schreckliche Unglücksbotschaft bedeuten – sofern nicht gerade Hochzeit oder 70. Geburtstag war. Als sich nun bei der Großmutter der erste Schrecken gelegt hatte, kam ihr zuerst der Zorn über die dumme Geldverschwendung und dann der Verdacht, es handle sich um einen schlechten Scherz. »Komme heute abend, Max« – wer soll kommen? Wohin? Und überhaupt, es ist gar nicht die Schrift von Max! (Die Telegramme kamen handgeschrieben vom Postamt.)

Das Telephon war gewiß schon lange eingeführt, auch wir hatten einen solchen Kasten mit Sprechmuschel, zwei Hörrohren und Kurbelläutwerk erhalten; aber nur mein Vater getraute sich, das tückische Ungeheuer zu bändigen; man mußte endlos läuten und abläuten, wurde falsch verbunden und brauchte oft einen erheblichen Stimmaufwand, um sich verständlich zu machen. Ein wirkliches Ferngespräch in eine andere Stadt war allerdings auch für einen Zeitungsmann, wie mein Vater es war, eine abenteuerliche Sache, und an Stelle des später gebräuchlichen Hallos fragten sich die Teilnehmer, wenn sie endlich verbunden waren, zuerst wiederholt: »Verstehen Sie mich?« »Ich verstehe Sie gut!« »So, Sie verstehen mich auch?« Es mußte dann eben doch jedes dritte Wort buchstabiert werden; der Strom setzte aus, das Fräulein vom Amt unterbrach oder warnte freundschaftlich vor den hohen Kosten, und zum Schluß stand der Sprecher ziemlich erschöpft da.

Der schon genannte umstürzlerische Telegrammneffe bekam von der Großmutter, seiner Tante, ein paar Butterbrote aufgedrängt, denn ohne Proviant auf Reisen zu gehen war sündhafter Leichtsinn. Der verruchte Mensch, den wir zur Bahn brachten, verfütterte das Brot an den Droschkengaul und erklärte, er gedenke im Speisewagen zu essen. Das erschien uns Buben als ein großartiger Frevel von antiken Ausmaßen.

Mein Vater wurde einmal zu einer Pressetagung nach Berlin eingeladen und fuhr, wenige Jahre nach dessen Einführung, im Schlafwagen. Er selbst freute sich wie ein Kind, und wir durften alle mit auf die Bahn, um dieses triumphale Ereignis mitzugenießen.

Mit einem Freiballon war mein Vater schon früh, in den achtziger Jahren, geflogen; die Entwicklung der Luftschiffahrt und der Fliegerei erlebten wir an seiner Seite von Kind auf, denn er, als Mann der Presse, war bei allen Veranstaltungen vorne dran.

Die Fahrten und Unglücksfälle Zeppelins, die ersten Versuche der Piloten in Puchheim, verfolgten wir mit eigenen Augen; und wenn es stolz im nächsten Morgenblatt hieß, daß sich Herr Otto oder Lindpaintner eine Minute in der Luft halten und einen Sprung von achtzig Metern machen konnte, dann durften wir stolz sagen, wir seien dabeigewesen.

Die Entwicklung des Films, des Grammophons und, Jahrzehnte darauf, des Rundfunks habe ich miterlebt von den ersten, oft kläglichen Versuchen an.

Freilich, der Himmel sorgte immer wieder dafür, daß die Bäume nicht in ihn wachsen. Zwei Weltkriege haben uns belehrt, daß zuletzt der Sperling in der Hand besser ist als die Taube auf dem Dach, in Notzeiten die Kerze sicherer als das elektrische Licht, der Löscheimer zuverlässiger als die Motorspritze, das Butterbrot und der Vetter in Dingsda ergiebiger als Speise- und Schlafwagen. Im Anbruch des Atomzeitalters sind wir, gottlob nur vorübergehend, im Kriege, zu den Gepflogenheiten der Neandertaler zurückgekehrt, und wer will heute wissen, wie im Jahre 2000, unbeschadet des technischen Fortschritts oder vielleicht gerade infolge seiner teuflischen Möglichkeiten, das Leben unserer Söhne und Enkel ausschaut.

Der Einbruch

Vor dem Ersten Weltkrieg ist bei uns ein Einbruchsversuch gemacht worden, ausgerechnet im vierten Stock eines schäbigen Hauses. Mein Vater verständigt die Polizei, die einen Beamten entsendet, natürlich nicht einen berühmten Kommissar, wie ihn heutzutage das Fernsehen bis zum Überdruß anbietet.

Der Wachtmeister, in Zivil und nur an seinem Gesicht und Gamsbarthut weithin als solcher erkennbar, hält dem öffnenden Dienstmädchen seinen Ausweis unter die Nase und geht an ihr vorbei, mitten ins Zimmer, wo mein Vater gerade arbeitet.

Die Gediegenheit der Einrichtung verwirrt ihn. Er hatte sich unter einem Schriftsteller etwas anderes vorgestellt. Infolgedessen geht er wortlos auf den Flur zurück, klopft höflich an und betritt auf das ziemlich verwunderte »Herein« meines Vaters zum zweitenmal das Zimmer.

Wir zeigen ihm die verkratzte und halberbrochene Tür. Der

Wachtmeister beäugt sie genau. Dann stellt er mit triumphierender Sachkenntnis fest: »Des is a Einbruchsversuch!«

»Weiß ich«, sagt mein Vater trocken, »deshalb habe ich Sie ja rufen lassen.«

Der Mann ist seiner Sache sicher. »Werden wir gleich haben!« Und zieht das Notizbuch.

»Wissen Sie, von wem hier eingebrochen worden ist, respektive worden wäre?«

Mein Vater schüttelt erstaunt den Kopf.

»Haben Sie einen persönlichen Feind?«

»Keinen, der seine Feindschaft so zeigen würde.«

»Oh, sicher, ein Schriftsteller —«

»Können Sie mir von demselben eine genaue Personenbeschreibung liefern?«

»Ich sage Ihnen doch: meine persönlichen Feinde sind keine Einbrecher. Es sind Redakteure, Zeitungsschreiber, Kritiker, Kollegen ...«

Der Wachtmeister ist bestürzt. »So!« sagt er nur, ganz verächtlich. Und mit neuem Forschungsdrang. »Haben Sie irgendeinen bestimmten Verdacht?«

»Nein.«

»Ja, dann ...«, sagt tiefbekümmert der Polizist, »dann wird sich nicht viel machen lassen!«

Die Brücke

Über die Großhesseloher Brücke kann ich nicht gehen, ohne daß, und wär's noch so flüchtig, der Flügelschlag einer frühen, trüben Erinnerung an mich rührt. Wir waren Kinder, es war ein trauriger Tag. Ein Wintersonntagnachmittag, bei leisem Schnee weich verdämmernd in das Unbehagen der Heimfahrt und in die Angst vor dem Montagmorgen hinein. Der unerbittliche Doktor Billinger hatte uns, die Mutter und die Buben, ins Isartal entführt, aber in mir war keine Wanderfreude aufgekommen. Mein Herz war wund, spielen hätte ich mögen oder lesen, zärtlich verborgen, daheim, von niemandem angesprochen, in einsamer Träumerei. Aber munter mußte ich dahinlaufen durch die sprachlose Landschaft, bergauf stiegen wir, aus der Sohle des Flusses, die Bögen der Brücke, die wir gleich überschreiten sollten, hingen matt und ungenau über uns im Dunst.

Da kam uns auf der Kehre des Wegs ein hastiger Mann entgegen: ob wir nichts gesehen oder gehört hätten, es müsse sich wer über die Brücke gestürzt haben.

Wir hatten nichts bemerkt, der Mann war im Nebel verschwunden, wir standen und horchten, vernahmen noch ein paar geisterleise Schritte des Davongeeilten, dann war es sausend still, ein hohler Wind trieb den nassen Schnee durch die graue Luft.

Wir stiegen, ich als erster voraus, vollends empor und kamen an die Südseite der Brücke. Sie schien unbetreten, der Doktor atmete erleichtert auf und meinte, der Mann werde sich wohl getäuscht haben.

Im gleichen Augenblick sah ich die Spuren, halb schon wieder verwischt, auf der weißen Fläche. Es war zuerst ein Nest von ratlosen Tritten zierlichster Frauenfüße, Abdrücke der Sohle und winziger Absätze – und dann lief eine verzweifelt entschlossene Fährte den Steg entlang, eng getrippelt, Fuß vor Fuß. Und jetzt war wieder der Schnee zertreten, vom Geländer war ein schmales Stück des lockeren Flaumes gestreift, und jenseits, auf den kurz überstehenden Bohlen, waren hart und genau die kleinen Absätze in das Weiß geprägt ... Ich stieg halb auf das Geländer und starrte in die Tiefe, schaudernden Blicks, an dem mächtigen Pfeiler entlang, bis drunten das Grün des Wassers schimmerte; mir schwindelte, mir war, als ob mein schweres Herz sich aus der Brust lösen wollte und stürzen, endlos hinunterstürzen in Grausen und Lust zugleich. Ich trat taumelnd von der Rampe zurück.

»Die Frau«, sagte der Doktor, der jetzt an meine Stelle trat, »muß sich blindlings hinabgeworfen haben, ohne auch nur einen Augenblick zu zögern. Die ist gewiß völlig verzweifelt oder ganz unglücklich gewesen.« Meine Mutter meinte, das käme doch auf dasselbe hinaus. »Nicht doch«, sagte der Doktor, »Verzweiflung ist kalt, Kummer ist heiß. Verzweiflung bedeutet ein leeres Herz, Liebeskummer ein übervolles. Hoffen wir, daß ein Tropfen Süßigkeit in ihrem Schmerz gewesen ist.«

Er wandte sich zum Gehen und schrieb mit seinem Stock aus Ebenholz und Elfenbein krause Zeichen in die Luft, wie er immer tat, wenn er in tiefen Gedanken war. Wir gingen schweigend hinter ihm drein, auch in der Bahn sprachen wir nicht mehr viel. Verstanden hatte ich des Doktors Worte nicht ganz, aber gemerkt habe ich sie mir bis heute, wo ich sie begreife.

Damals habe ich mir glühend gewünscht, die Frau, die ich mir natürlich als ein dunkles, schönes Mädchen vorstellte, möchte mir vor ihrer unseligen Tat begegnet sein. Ich vermaß mich, zu glauben, daß ich sie von ihrem Entschluß abgehalten hätte. Aus eignem Unglücklichsein, Mitleid und ahnungsvoller Liebe mischte ich mir einen gefährlich berauschenden Trank; ich getraue mich zu schwören, daß ich ihn heute noch zu schmecken vermag, nach siebzig Jahren.

Am andern Tag schlich ich, im Nachthemd noch, zu der verbotenen Zeitung. Was ich da jedoch gelesen haben mochte, habe ich völlig vergessen. Später, viel später, als Erwachsener, habe ich gelegentlich versucht, mit häßlicher Bitterkeit den übersüßen Geschmack der Erinnerung zu vertreiben. Ich redete mir ein, die Frau habe Winzenhörleinsberger geheißen oder Hulda Hickelbein, sei ein überspanntes Frauenzimmer gewesen, fünfzig Jahre alt, mit einem Zwicker an einem Kettchen auf der Nase, und sie habe sich aus Gram über den Tod ihres Katers in die Tiefe gestürzt. Millionen Menschen, sagte ich mir, sind seitdem auf die grausamste Weise ums Leben gekommen, Selbstmörder stehen jeden Tag in der Zeitung, und auch von der Brücke ist mehr als einer hinuntergesprungen, ein Regierungsrat zum Beispiel, den ich gut gekannt hatte. Der Mann war, die Stelle ungeschickt wählend, in den Werkkanal gefallen, unverletzt; er ist dann ans Ufer geschwommen und hat sich die Schlagader aufgeschnitten . . .

Es ist aber vergebens, das lieblich-traurige Bild in mir zerstören zu wollen. Ich sehe die beiden winzigen Stiefelabsätze im Schnee, die Fußspitzen selbst, der ganze Leib, das schwere Herz hängen schon im Nichts – retten will ich das schöne Wesen längst nicht mehr, ich träume, mit ihr zu fallen – und dann reiße ich mich los, werfe einen schaudernden Blick in die Tiefe, ich schelte mich wegen meiner Empfindlichkeit und gehe festen Schritts über die Brücke, die bei nüchternem Zusehen nicht mehr verbindet als das rechte Isarufer mit dem linken . . .

Das Weinbeerl

Der Bezirksinspektor Steingrübl geht kreuzvergnügt vom Dienst heim, er hat heute seinen Kegelabend im Goldenen Stern, er freut sich schon auf das neidisch-dumme Gesicht vom Provisor Hünemörder, wenn er, Steingrübl, mit gewohnter

Meisterschaft den linken Saunagel wegputzen wird, daß es eine wahre Freude ist – für die eigne Partei nur, versteht sich.

Vorher aber wird er was Gutes essen, ein Herz am Rost oder eine abgebräunte Milzwurst, die ist im Goldenen Stern ausgezeichnet. Nur die Semmeln, fällt ihm ein, die sind in der Wirtschaft immer so lätschig und altbacken, da nimmt er sich lieber vom Bäcker Hasibeder ein paar remische Weckerln mit, frische, knusprige.

Er geht also, ganz außerdienstlich und wohlwollend, in den Bäckerladen, und der Meister persönlich lobt die Ehre, die ihm widerfahren ist, und sucht dem Herrn Bezirksinspektor die reschesten Weckerln heraus, die er noch da hat. »Mit viel Kümmel drauf, jawohl, Herr Bezirksinspektor, wie Sie's gern mögen!«

Wie er aber das erste im Goldenen Stern anbricht, um die Soß' von den Schweinsnieren herauszutunken, da vergeht ihm gleich der Appetit, denn was da schwarz aus dem weißen Teig schaut, das ist kein Kümmel, sondern eine ausgewachsene Bäckerschabe, auch Russe, Preuße oder Schwab genannt – und weil von den Kegelbrüdern schon ein paar herschauen und ihn aufziehen, woher er denn sein Brot beziehe, und der Wirt schadenfroh dazutritt und grinst, so gut wären die Semmeln auch im Goldenen Stern, wird er fuchsteufelswild und ganz dienstlicher Bezirksinspektor und sagt mit grimmigem Hohn, da sei ja der saubere Mehlwurm grad an den Richtigen geraten, läßt sich ein Papierl geben, wickelt das Brot hinein und legt's am andern Tag in der Früh, mit noch unverrauchtem Zorn, dem Herrn Amtsgerichtsrat persönlich auf den Tisch.

Der Bäckermeister Hasibeder kriegt unverzüglich eine Strafanzeige laut dem und dem Paragraphen der Gewerbeordnung und hat vor dem Hohen Gericht zu erscheinen, um sich zu rechtfertigen. Das Corpus delicti liegt da auf dem Tisch. Der Bäcker, ein großer, dicker Mann mit einer langen und schiefen Nase, beäugt mißtrauisch die Schabe, schüttelt den Kopf, schaut noch einmal genauer hin, sagt: »Mit Verlaub!«, zieht mit spitzen Fingern das Untier aus dem Teig, macht die Zähne lang, knabbert ein bißchen dran herum. Und sein Gesicht verklärt sich, als ob er etwas himmlisch Gutes genösse, und: »Meine Herren«, sagt er und schluckt kräftig, »das ist kein Schwab', wie Sie meinen, denn in meinem Betrieb kommt so was nicht vor. Es ist ein Weinbeerl, weiß Gott, ein Weinbeerl ist es, ja, das kann einem schon mal unterlaufen, weil wir die Schnecken oft im selben Gang backen!« – »Aber erlauben Sie«, faucht ihn der Richter an, »Sie werden uns doch nicht für dumm verkaufen wollen! Es ist –« – »Herr Rat, verzeihen Sie, aber als Fachmann kann ich Ihnen nur sagen, es *war* ein Weinbeerl.«

Der Bäcker ist dann wirklich, wegen Mangels an Beweisen, freigesprochen worden. Er soll am Abend die ganze Verhandlung am Stammtisch recht anschaulich zum besten gegeben haben, und auch uns hat er sie einmal erzählt. »Und wenn es«, sagte er, »ein Bachratz gewesen wäre statt einem Schwaben, hinuntergewürgt hätt' ich ihn!«

Der happige Schneider

Der Schneider-Lippl hat ein bescheidenes Häusl gehabt, draußen vor dem Ort; das ist aber auch das einzige Bescheidne an ihm gewesen, und drum hat's ihn ja auch gewurmt, obwohl's manchen andern gefreut hätte, denn es war sauber beieinander mit einem Krautgarten und einem Ziegenstall. Der Lippl aber hat höher hinaus wollen, aufs Geld und auf den Vorteil ist er ausgewesen wie der Teufel auf die armen Seelen.

Dem reichen Hammermüller ist er so lang in den Ohren gelegen, daß er einen Anzug so flott machen kann wie ein Stadtschneider, bis sich der hat erweichen lassen und ein Sonntagsgewand bei ihm bestellt hat. Er hat's aber dann so grausam verschnitten, daß es hinten und vorn nicht gepaßt hat. Und der Hammermüller, der alte Fuchs, hat seitdem immer sinniert, wie er dem Meister das heimzahlt.

Eines Tags sind zwei Arbeiter im Gelände herumgestiefelt, mit allerhand Gerätschaften, die haben Messungen gemacht und hin und her visiert und aufgeschrieben, grad wichtig haben sie es gehabt. Der Schneider-Lippl hat ihnen vom Fenster aus zugeschaut, bis er vor lauter Neugier ganz zappelig geworden ist und den Faden nicht mehr in die Nadel gebracht hat. Er ist in die Pantoffeln geschlüpft und vors Haus geschlappt und hat gefragt, was denn da los ist. Aber der eine von den zweien sagte gar nichts und der andere nicht viel. »Ah, nichts!« sagt er und hantiert weiter. Da steckt was dahinter, denkt sich der Lippl, weil die gar nicht mit der Sprache herausrücken wollen. Und er benzt so lang in sie hinein, bis der eine doch den Mund aufmacht: »Es ist nur wegen der neuen Eisenbahnlinie«, sagt er.

Und zwickt das linke Auge zu, damit er haarscharf über seine Latten schauen kann.

»Die Trasse stecken wir ab«, brummt der andere, als ob das die selbstverständlichste Sache von der Welt wäre. Der Lippl fragt ganz aufgeregt, ob denn die Bahn über sein Grundstück geht. Der Vorarbeiter zieht die Schultern hinauf und sagt, er weiß es nicht, aber er hofft, daß es sich vermeiden läßt.

Was, hofft? denkt der Lippl, er fürchtet, daß es nicht angeht. Hat er nicht erst neulich im Wirtshaus die Ohren gespitzt, wie der Hammermüller erzählt hat, daß die neue Bahn gebaut werden soll und daß einer nur Glück haben muß, dann geht sie über sein Grundstück, und der Staat zahlt ihm für den Quadratmeter mehr, als das ganze Sach' wert ist.

Aber er darf es sich nicht merken lassen, wie scharf er drauf aus ist; und drum sagt er nur ganz beiläufig, daß ihm das wenig ausmacht, ob die Eisenbahn ein Stück näher oder weiter an seinem Haus vorbeifährt; die zwei Züglein im Tag – und mehr werden es doch nicht –, die bringen ihn nicht um.

»Ja«, sagt der Vorarbeiter und kratzt sich den Kopf, »wegen dem wär's auch nicht; sondern wegen den Vermessungspflökken.« Und die zwei reden jetzt als Fachleute, als ob gar kein Lippl neben ihnen stünde. »Wir müssen eine andere Trasse aus- stecken«, sagt der eine, und der andre gibt ihm recht; »wenn man die Bahn vorn herumlaufen läßt, geht sie so hart am Anwe- sen vorbei, daß wahrscheinlich das ganze Gebäude abgerissen werden muß.«

Das ist Musik in den Ohren des Schneiders; aber er läßt die Katz' nicht aus dem Sack. Er meint bloß, mit scheinheiliger Gleichgültigkeit, daß sich darüber ja reden lassen wird.

»Das schon«, erwidert der andre ohne jede Wallung des Ge- müts. »Fad ist bloß, daß eine solche Sache wie der Bahnbau von heut auf morgen nicht entschieden wird. Aber die Trasse, die muß sofort abgesteckt werden. Damit sich die Herren in Mün- chen entscheiden können. Und der amtliche Vermessungs- pflock – saudumm, daß es nicht anders zu machen ist –, der kommt ausgerechnet vor die Haustür zu stehen.«

»Macht nichts«, schreit der geldgierige Schneider-Lippl; er kann sich jetzt nicht mehr zurückhalten. So knickerig er sonst ist, er läßt deutlich durchblicken, daß es ihm auf eine gute Brot- zeit, ja sogar auf ein paar Markl nicht ankommt. Die Männer ziehen zuerst nicht recht, es soll niemand später sagen, sie hät- ten ihn nicht verwarnt; und sie rufen einer den andern zum

Zeugen an. Aber wie der Lippl nicht locker läßt, geben sie in Gottes Namen nach. Sie schlagen, nach genauen Visierungen, versteht sich, einen mächtigen Stempen hart vor den Eingang zum Schneiderhäusl, und der eine schreibt ein paar Ziffern in sein Notizbüchel. Dann packen sie ihre Gerätschaften auf und gehen davon. Hundert Meter weiter, eh sie ums Eck biegen, peilen sie mit ihren Stangen den Pfosten noch einmal an; und winken dann dem Lippl zu, zum Zeichen, daß es seine Richtigkeit hat.

Der Schneider-Lippl kann kaum zur Haustür heraus und hinein, so ungut steht der Pfosten da; er ist richtig ein Pfahl in seinem Fleisch. Aber was nimmt man nicht alles auf sich, wenn man den ganzen Krempel verkaufen kann an den Staat für ein sündteures Geld? Die Arbeit geht dem Lippl von der Hand, so leicht wie noch nie. Bei jedem Scherenschnitt denkt er an einen neuen Bauplatz und bei jedem Nadelstich an ein nobles Haus. Bloß, daß er gar nichts mehr hört, das macht ihn allmählich mißtrauisch; aber er selbst mag nicht herumfragen, er weiß ja, wie neidisch die Leute sind.

Endlich sitzt er wieder einmal im Wirtshaus und macht die Ohren spitz gegen den Honoratiorentisch; denn da kann man immer was Neues erfahren. Und richtig, der Hammermüller redet von der neuen Bahn. »Die Pläne«, sagte er und schaut ganz unbekümmert zum Schneider-Lippl herüber, »sind auf unbestimmte Zeit zurückgestellt worden.«

Da geht ihm dann doch ein Licht auf, dem Schneider-Lippl. »Solche Bazi!« schreit er, »und den Oberlumpen errat' ich gut!« Und schmeißt das Zechgeld auf den Tisch, rast heim und reißt den verdammten Pfosten aus dem Boden.

Die Leute heißen ihn aber heute noch den Pfahlbauern von Hasling.

Sommerfrische, 1917

Eigentlich war ich selbst schuld: ich hatte den Termin verpaßt, eine weitere Zurückstellung zu beantragen, aus dem heitern Sommerhimmel des Jahres 1917 fiel der Blitz, die Einberufungskarte, unversehens war ich wieder Soldat, königlich bayerischer Gefreiter, garnisondiensttauglich; ich rückte ein, in der Kaserne war dicke Luft, nicht nur der gewohnte Mief, sondern dumpfer Widerstand, schwelend, mit Stichflammen offenen Aufruhrs. Die kv.-Geschriebenen, alte Knochen, legten es drauf an, ins Gefängnis geführt zu werden statt auf die Schlachtbank, aber die Vorgesetzten wandten sich taub und schweigend ab, wenn sie beschimpft wurden; schließlich blieb doch die alte Kriegsmaschine, wenn auch knirschend, in Gang, und wir Krüppel, Schwerverwundeten und Ausgekämmten wurden nach Rosenheim abgestellt, zu mancherlei Dienstbarkeiten, deren wichtigste die Bewachung der Entlausungsanstalt war.

Ein elender Zug, mit Sack und Pack, kam bei brüllender Hitze vor den Baracken an, wurde von dem Herrn Hauptmann mit dem Zuruf »Jämmerliches Material!« freundlich empfangen. Immerhin, wir richteten uns in dem üblen Quartier ein, so gut es eben ging, und die zwangsweise Sommerfrische auf dem düstern Hintergrund des grauenvoll verzuckenden Krieges konnte beginnen, ein höllisches Idyll.

Ich hatte ein besonderes Glück: die Flöhe wollten von mir keinen Blutzoll, sie umhüpften mich munter, wenn Licht auf weißes Papier fiel oder ein Hemd in der Sonne trocknete. Aber manche Kameraden knickten und erstickten die halbe Nacht. Zum Ersticken freilich, in einem andern Sinne, war der Gestank, und das konnte ich (um das vorwegzunehmen) ein paar Wochen später auch Ihrer Majestät der Königin melden, die mich, anläßlich des jährlichen »Verwundeten-Ständchens«, in ein huldvolles Gespräch zog und die herrliche Gebirgsluft pries, die wir sicher dort hätten.

Ich war wohl mit dem Gewehr 98 ausgebildet, nicht aber im Wachdienst; gleich am ersten Tag war ich zum Kommandanten des Spritzenhauses ernannt worden, mit einem Dutzend ausgesuchter Drückeberger und Galgengesichter bezog ich die Feuerwache; wie das beim Barras so üblich ist: mein Vorgänger überreichte mir einen riesigen Schlüsselbund ohne weitere Erklärungen, meine Kameraden nützten meine Gutmütigkeit aus und ersuchten den Herrn Gefreiten, austreten oder in der Kantine etwas besorgen zu dürfen. Just, als ich mutterseelenallein im Wachlokal saß, donnerte der Herr Major mit großem Gefolge herein und schrie: »Alarm!« Der Herr Hauptmann brüllte: »Wo sind Ihre Leute?« Der Herr Feldwebel schnauzte: »Spritzenhaus aufsperren!« Dann kam wieder der Herr Major zum Zug: »Die ganze Bude wäre im Ernstfall schon abgebrannt!« Die dazwischen eingestreuten Schimpfwörter darf ich als bekannt voraussetzen.

Wenigstens waren ein paar der Kameraden, die, neugierig auf das militärische Spektakelstück, aus Kantine und Latrine herbeigeeilt oder gehumpelt waren, geistesgegenwärtig genug, an Stelle meiner zerstreuten Mannschaft die Wache zu mimen; mit ihnen lief ich vors Spritzenhaus, den rätselvollen Schlüsselbund in der Hand. Mindestens eine kostbare, jedoch keineswegs köstliche Minute verging, was sag' ich, zitterte, tobte, schäumte dahin, bis ich den rechten Bart herausgefingert hatte, bis die Tür aufächzte. »Los! Die Hydrantenschlüssel!« schmetterte der Hauptmann – ich hielt ihm verzweifelt den Schlüsselbund entgegen.

Das sprichwörtliche Hohngelächter der Hölle brach los, der Major lief rot und blau an wie ein Gauderer, der Hauptmann schrie auf mich ein wie ein Posaunist gegen die Mauern von Jericho, aber ich blieb stehen wie eine Mauer, völlig entgeistert, während ein paar gewitzte Nothelfer die schweren Schraubenschlüssel an mir vorüberschleppten, die Hydranten in Wirkung brachten, so daß endlich das Wasser rauschte und schwoll und die ganze Übung abgeblasen werden konnte.

Für mich ging die Geschichte noch glimpflich ab, das mißglückte Unternehmen war auch für die Vorgesetzten eine Warnung, und statt der gefürchteten drei Tage Arrest wurde ein kurzer Lehrgang für Wachhabende befohlen.

Ich will auch nicht ungerecht sein: auf vierundzwanzig Stunden Bereitschaft folgte ebensoviel Freizeit; und das war dann wirklich eine Art Sommerfrische. Im nahen Dorfe Pang gab's einen Bäckerwirt, der noch mitten im Hungerjahr Semmelknödel spendierte; die ersten Birnen wurden reif, die Folgen kann sich jeder Leser selbst ausdenken. Wendelstein und Kaisergebirge standen herrlich da, am Inn und seinen Altwassern zogen wir dahin, Kameraden aus allen Schichten des Volkes, und der zuverlässigste Begleiter war ein riesiger, rothaariger Kerl, der unbefangen aus seiner Wildererzeit und seinen Zuchthausjahren erzählte. Noch manches Stücklein haben wir uns geleistet, nur das dreisteste will ich noch berichten: Bei unserm Haufen war ein echter Baron, ein beleibter Herr in den besten Jahren. Er mietete seine Freundin in der nahen Vorstadt von Rosenheim ein; auf den ersten Blick, noch ehe sie den Mund aufgemacht hatte, war sie als eine Nutte zu erkennen, aber die mit Blindheit geschlagenen Feldwebel und Unteroffiziere schwänzelten liebedienerisch um die Frau Baronin, und bald hatte der Frechling sogar erreicht, daß er unsere Baracken- und Stacheldrahtwelt

verlassen und sich in sein Liebesnest zurückziehen konnte –
von gelegentlichen Appellen abgesehen. Und für ihn wurde es
somit wirklich die reine Sommerfrische.

Reiseerlebnis

Vor Jahren fuhr ich – mit dem Zug, wie man heute schon eigens
betonen muß – von Nizza nach Mailand, wo ich spät am Abend
ankam. Gleich fiel ich einem Schlepper in die Hände, der mich,
einen unbedarften, obendrein geldknappen Jüngling, in ein
schäbiges Quartier führte, ein Bett und ein Stuhl, nichts sonst,
nicht einmal eine Waschschüssel. Im dämmerdunklen Flur
konnte ich mir wenigstens die Hände reinigen und mit dem
Taschentuch trocknen, dann ging ich auf die Straße und strebte
der berühmten, hell erleuchteten Passage zu.

Wenn ich mir mit der üblen, aber billigen Übernachtungsge-
legenheit schon so viele Lire erspart hatte, war die Versuchung
groß, mir im Ausgleich ein gutes Abendessen zu leisten, und so
setzte ich mich kühn an ein Tischchen des ersten besten Restau-
rants, hart am Rande des vorüberflutenden Verkehrs, den ich
mit der vollen Aufmerksamkeit des Reisenden betrachtete. Gelegentlich schien mir, als ob auch die Menschen, die da des
Weges kamen, ihrerseits mich mit neugierigeren Blicken mäßen,
als sie einem durchschnittlichen Fremden in einer Großstadt
zukamen; aber ich gab nicht weiter darauf acht.

Der Kellner kam, unbewegten Gesichts nahm er meine Be-
stellung entgegen, brachte die Speisen, heißhungrig, aber doch
mit guten Manieren aß ich, zahlte und ging. Der Kellner, mit
einem schrägen Blick auf das Trinkgeld, verbeugte sich höflich.

Während ich nun so die Auslagen entlangschlenderte, wuchs
doch eine Unruhe in mir, denn mehr als ein Augenpaar bohrte
sich aufdringlich in mein Gesicht, ja mancher Vorübergehende
stutzte, schien ein Lachen zu verbeißen oder drehte sich gar
nach mir um. Hatte ich vielleicht ein Loch im Strumpf, oder
war etwas an meinem Anzug nicht in Ordnung? Ich sah an mir
herunter, prüfte alle Knöpfe und fand mich ohne Fehl.

Da führte mich der Weg vor einen riesigen Spiegel: fassungslos starrte ich hinein – sollte das wirklich ich sein? Ein Mohr
war es, was mich da angrinste, und doch kein echter, ganzer
Mohr: vom tiefsten Schwarz über bräunliche Flecken bis zum

Weiß des Mitteleuropäers war mein Gesicht gefleckt, ein lächerlicher Anblick für die andern, für mich aber ein Anlaß zu schleuniger, scheußlich unbehaglicher Flucht in die Finsternis, in mein Quartier und zu dem hilfreichen Wasserhahn, zu endlosem Reiben und Gepritschel. Schnell hatte ich die Ursache der greulichen Entstellung begriffen: durch viele Tunnels war ich achtlos bei offenem Fenster gefahren, der Qualm aus dem Schlot der Lokomotive des Zuges hatte auch meine Züge verunstaltet.

Eine Schaffner-Geschichte

Als weitgereist kann ich heute, als Greis, nicht mehr gelten, wo sich Großmütter in ein Düsenflugzeug setzen, um zur Taufe ihrer Enkel nach Australien oder ins Feuerland zu fliegen. Aber damals, in den zwanziger Jahren, war ich, an andern gemessen, ein großer Reisender – ein mutiger Forscher freilich war ich nicht. Im November, wenn auch in den Hotels im Süden alle Betten leer standen, bangte ich, ob ich ein Zimmer bekäme, und aus lauter Unbehagen, im Zug keinen Platz zu kriegen, stand ich schon eine Stunde vor Abfahrt auf dem Bahnsteig – im Gegensatz zu meinem Vater, der sich im Vertrauen, noch anderthalb Minuten Zeit zu haben, kaltblütig ein paar Zigarren holte.

Ich fuhr nach Neapel und mußte in Rom umsteigen. Der Schaffner machte ein bedenkliches Gesicht, der Direttissimo sei immer sehr besetzt, er werde mir aber einen Platz besorgen. Ich drückte ihm in überströmender Dankbarkeit ein fürstliches Trinkgeld in die Hand und sah nun unbesorgt dem Wagenwechsel in Rom entgegen.

Das Geld war hinausgeschmissen, der Zug nach Neapel war gähnend leer, erster und zweiter Klasse, Wagen für Wagen. Die ging er mit mir entlang, redete irgendwas mit dem Kollegen vom neuen Zug, steuerte entschlossen auf ein Abteil zu, stellte mein Gepäck auf den Sitz und empfahl sich mit einer großartigen Gebärde, die wohl zeigen sollte, wie gut er mich bedient hatte: »Ecco! Platz, soviel Sie wollen!«

Hätte ich italienisch sprechen gekonnt, anstatt es nur zu radebrechen, vielleicht wäre ich unfreundlich geworden; so aber sagte ich nur noch einmal wie schon oft »molto grazie!« und sah ihn getrost davongehen. Ich saß im richtigen Zug, das Zimmer in Neapel war bestellt, nichts konnte für heute mehr schiefgehen.

Ich setzte mich zurecht und blickte heiter um mich – aber was sah ich, jähen Auges, deutlich, wieder als Trugbild angezweifelt und nun endgültig? In das Holz der Vertäfelung war, mit einem spitzen Gegenstand, eine Zeichnung geritzt, eine rohe, schamlose Zeichnung.

Mir ging, zu meinem Glück, sofort ein Licht auf, ich begriff die Zusammenhänge: wer weiß, wie oft der Schurke mit seinem Spießgesellen den gemeinen Trick schon an einem hilflosen Ausländer erprobt haben mochte: Wenn der Zug auf freier Strecke war, würde wohl der Schaffner kommen, höflichst nach der Fahrkarte fragen und, schon im Weggehen, rein zufällig, die üble, die über alle Maßen scheußliche Darstellung entdecken. Ein großes Lamento würde er machen, mit vielen Ahs und Ohs, mit Händefuchteln und Kopfschütteln, mehr traurig als grob, tief bekümmert darüber, wie sich ein so feiner Herr so weit vergessen konnte; und erst, wenn er das zu erwartende Lösegeld auf eine schwindelnde Höhe emporgejammert haben würde, wäre er wohl bereit, zu verzeihen, er würde den Finger auf den Mund legen, meinen Koffer ergreifen und mich, vielleicht gar mit einem spitzbübischen Lächeln des Einverständnisses, in ein anderes Abteil führen.

Nun, den Platz wechseln, den peinlich gefährdeten Platz, das konnte ich selbst. Ich hatte schon Gepäck und Hut in der Hand, da kam mir zum Bewußtsein, daß mir, in dem völlig leeren Wagen ein Vertauschen des Orts wenig helfen würde; die zwei Lumpen hatten ja die Sache abgesprochen, nichts leichter als einen der Sprache fast unkundigen Fremden auch aus dem Nebenabteil herauszuzerren, ihn vor das schmutzige Machwerk zu führen und unter einem Schwall von unverstandnen Worten, nur drohender und dreister, dieselbe Komödie zu spielen.

Niemand halte mich gleich für einen Faschisten, wenn ich nun gestehe, daß ich damals dem Duce dankbar war, daß er die Bahnpolizei eingeführt hatte. Ein solcher schwarzer Mann lief, zu meinem Glück, den Bahnsteig entlang, ich rief ihn durchs offene Fenster an, ich winkte ihn flehentlich herein und zeigte ihm, vorerst stumm, das schauderhafte Gekritzel. Er sah es ebenso wortlos an, dann warf er mir einen böse fragenden Blick zu, und einen bangen Augenblick lang mußte ich fürchten, daß er der Dritte im Bunde sei.

In meiner Angst klaubte ich alle italienischen Brocken zusammen, die ich in meinem Gehirn fand; ich will den Leser weder langweilen noch belustigen mit dem Kauderwelsch, das ich vermutlich gestottert habe; ich glaube, daß ich das greuliche Gebilde in Ermangelung des treffenden Worts sogar zu einem antiken Werk gemacht habe, um zu erklären, daß es schon alt sei und unmöglich von mir stammen könne, der soeben erst das Abteil betreten habe. Endlich war er überzeugt; und der Furor, mit dem er nun seinerseits dem Schaffner zusetzte, wurde für mich ein reines Vergnügen.

Die Münze

Mitten in der großen Inflation, um 1920, als wir Dummköpfe alle noch glaubten, der Dollar steige, während es doch die Mark war, die ins Bodenlose stürzte, brachte mein jüngerer Bruder, ein sechzehnjähriger Pennäler, eine Zigarrenkiste voller Münzen mit heim, die ihm, wie er leichthin sagte, ein Schulkamerad geschenkt hatte.

Da wir von Münzen nichts verstanden und keine auffallenden Stücke in der Schachtel zu sein schienen, nahmen wir von dieser Bereicherung kaum Kenntnis; auch ich warf nur einen flüchtigen Blick auf den Kupfer- und Silberschatz, und lediglich ein großes Goldstück erregte meine Aufmerksamkeit. Natürlich war es nicht echt, ein Blatschari war es, münchnerisch ausgedrückt; höchstens vergoldet. Die Vorderseite war geschmacklos genug, ein Schütze zielte scharf auf den Beschauer, außen herum lief eine Schrift: »Siebentes Deutsches Bundesschießen« – eine Gedenkmünze also war's, eine Erinnerungsmedaille –, aber die Rückseite zeigte den deutschen Reichsadler, genau in der Prägung des Goldes, das wir längst für Eisen dahingegeben hatten. Ich erbat die Münze von meinem Bruder, ohne Zögern überließ er sie mir; sie war ja auch nichts wert, einen Jux wollte ich mir damit machen, ich zog sie gelegentlich aus der Tasche und fragte einen und den andern Bekannten, ob er ein goldnes Hundertmarkstück sehen wolle, und wies natürlich die Rückseite vor; und wenn dann der Betrachter schon große Augen machte, zeigte ich ihm den lächerlichen Scharfschützen, und wir schmunzelten beide über den Scherz.

Ich wurde des Spaßes bald müde, immer seltner trieb ich das

harmlose Spiel, ohne weiteres hätte ich das Ding wieder herge-
schenkt, ja, dem oder jenem bot ich's wirklich an, daß er, mit
neuer Lust, seine Freunde damit foppen oder seinen Kindern
ein Vergnügen machen könnte.

Aber wie es so geht, das lächerliche Ding blieb in meiner
Hosentasche, den Bekannten genügte der einmalige Scherz, das
Goldstück wollten sie nicht haben. Da traf ich zufällig einen
rothaarigen, buckligen Juwelier, und da ich wußte, daß er zugleich Mitglied eines Zimmerstutzenschützenvereins war, sah
ich in ihm den Mann, mit dem ich den schon reichlich
abgenützten Scherz noch einmal mit Erfolg machen konnte; der
aber hatte kaum einen Blick auf die Münze geworfen, da wurde
er ganz blaß, die Stimme verschlug's ihm, und er stotterte, fassungslos, ob ich denn wüßte, was … Kurz und gut, das Ding
war echt, aus purem Gold, die offizielle Gedenkmünze jenes
großen Schießens, das seinerzeit in Dresden stattgefunden
hatte.

Ich hätte mich eigentlich über mein Glück freuen sollen, vor
allem darüber, daß niemand mein leichtherziges Angebot, das
vermeintlich wertlose Ding ihm spaßeshalber zu überlassen, angenommen hatte – ein Vermögen, »Millionen«, hätte ich wegge-
schenkt. Aber mir war im Gegenteil höchst unbehaglich zumute, und als mich nun gar der Bucklige, der Rothaarige, die Münze mit seinen langen weißen Fingern umkrallend, bedrängte,
ihm das Goldstück zu verkaufen, reell, verstehe es sich, zum
Tagespreis – unverzüglich wollte er mich in seinen Laden vor
die Goldwaage schleppen –, da verwünschte ich die Gabe For-
tunas; denn in welche Höllen von Skrupeln stürzte mich die
Entdeckung, daß ich viele Wochen lang einen Märchenschatz
mit mir herumgetragen hatte, gutgläubig erworben, gewiß, solang es keiner war, aber jetzt, nachträglich, seiner Unschuld
beraubt, ja verdächtig nahe dem Diebstahl und der Hehlerei;
denn daß der Schulfreund eine ganze Schachtel voller Münzen
zu Recht besessen haben sollte, erschien mit einem Schlage
mehr als unglaubwürdig, da es offenbar wurde, daß eine einzige
schon so kostbar war. Auf jeden Fall bat ich mir Bedenkzeit
aus, und so ungern der Gierige auch das Gold aus den Fingern
ließ, so heftig er mir mit Beschwörungen zusetzte, gleich jetzt,
im günstigsten Augenblick, handelseins zu werden, niemand
wisse, ob morgen der Preis von heute noch zu halten sei – ich
ließ mich nicht breitschlagen, ich spielte ihm die Münze aus den
Händen, steckte sie wieder in die Tasche und vertröstete den

Mann auf eine baldige Entscheidung: wenn überhaupt, würde ich die Münze nur an ihn verkaufen.

Ich kam zum Abendessen heim und fand meine Familie in höchster Bestürzung. Ein Onkel des Münzenverschenkers war dagewesen, aber nicht zu freundlichem Besuch, sondern mit der peinlichen Erklärung, der Schulkamerad, sein Neffe, habe die Sammlung seines verstorbenen Vaters geplündert, erst jetzt habe die Mutter, die Witwe, die Spuren entdeckt, und eine dieser Spuren führe eben zu meinem Bruder, der Mitschüler habe eingestanden, eine ganze Schachtel voll Münzen an ihn verschachert zu haben. Der Schatz müsse unverzüglich wieder beigebracht werden, und sofern das nicht mehr möglich sei, fordere die Frau, seine Schwägerin, fünf Dollar als Schadenersatz; andernfalls sei er ermächtigt, die Angelegenheit der Polizei zu übergeben.

Mein jüngerer Bruder, der als armer, aber vorerst noch verstockter Sünder zwischen meinem ratlosen Vater, meiner zornigen Mutter und uns verwirrten Geschwistern saß, wurde peinlich befragt, was alles er überhaupt noch, im Zusammenhang mit dieser Entdeckung, auf dem Kerbholz habe, und besonders meine Mutter, die das Wort führte, wollte nun Dinge wissen, um die sie sich, in sträflicher Laxheit, bisher wenig gekümmert hatte, zweifelhafte Geschäfte und verdächtige Besorgungen.

Zu unserem maßlosen Erstaunen berichtete er, dieser Onkel, der heute dagewesen sei, habe schon seit einiger Zeit ihn und den Schulkameraden, seinen Neffen, unter Druck gesetzt und ihnen mit der Polizei gedroht, falls sie die Münzen nicht wieder beibrächten oder drei Dollar Schadenersatz leisteten. Und auf seine verzweifelte Frage, wie er, als ein Bub, drei Dollar aufbringen sollte, habe er nur höhnisch gesagt, wer so geübt im Stehlen und Hehlen sei, der werde schon einen Weg finden.

Das habe er und sein Kamerad auch versucht, beichtete er, der kleine Tausendsassa, mit gewagten Unternehmungen, die uns mehr verblüfften als empörten, denn wir so ehrenfesten Erwachsenen blickten jäh in eine Hölle der vermeintlich so unschuldig heitern Kinderwelt. Aber immer wieder, so sagte er, fast sachlich, hätten jähe Devisenstürze den Versuch in den Anfängen zum Scheitern gebracht.

Der Onkel aber sei unerbittlich geblieben, und jetzt habe er seine Drohung mit der Polizei auf dem Umweg über die Eltern wahr gemacht. »Aber mehr als drei Dollar!« rief mitten im Schluchzen der gewiegte Geschäftsmann voller Zorn, »mehr dürft ihr ihm nicht geben!«

Wir waren zutiefst erschrocken über diesen Bericht und voller Wut auf den gemeinen Erpresser, der gar noch die Frechheit hatte, mit einer gesteigerten Forderung zu uns ins Haus zu kommen; und doch überlegte ich insgeheim, daß es vielleicht Glück im Unglück war, daß sich der Kerl noch in letzter Stunde vor den Abgrund gestellt hatte, in den mein Bruder, und wer weiß wie rettungslos, gestürzt wäre. Welche Ängste mußte der Bub ausgestanden haben, erst jetzt fiel mir auf, wie bedrückt er die letzte Zeit gewesen war; und fast war es wohl für ihn eine Erleichterung, daß der üble Fall nun auf einer höheren Ebene zu entscheiden war.

Die Münzen zurückzubringen, was das einfachste gewesen wäre, war hinfällig; mein Bruder gab ohne weiteres zu, daß er alles längst wieder verhandelt hatte, an Schulgenossen vertäuschelt gegen Süßigkeiten, die er redlich mit dem Spender geteilt habe; das meiste jedoch, eigentlich die ganze Schachtel voll, hatte er zu einem kleinen Bankier getragen, weil er in dessen Laden auch Münzen ausgestellt gesehen hatte. Es erwies sich, daß dieser Mann ein guter Bekannter von uns war; schon unsre Großtanten hatten ihn für ihre bescheidnen Geschäfte als Berater zugezogen, und er war der Familie befreundet geblieben, ein Ehrenmann ohne Zweifel, ein alter Herr im weißen Haar und mit goldgefaßter Brille.

Mein Vater, gutgläubig, wie er war, sah darin einen Lichtblick, zumal mein Bruder auf Befragen erklärte, der Herr habe sich nach seinem Namen erkundigt und es ohne Erstaunen hingenommen, daß die Münzen aus seiner Bubensammlung stammten, zu der er die Lust verloren habe. Wären die Stücke, so meinte mein Vater, wirklich wertvoll gewesen, hätte der Geschäftsmann doch rückgefragt und unter einem Vorwand die Schachtel sichergestellt.

So vertrauensvoll war ich nicht; ich erinnerte mich, daß mir als Kind ein Onkel eine silberne Mark geschenkt hatte, für die mir dann unser langjähriger Obsthändler eine Handvoll Kirschen gab; daß mir, als Pennäler, ein Berliner Briefmarkenhändler für meine bedeutende Sammlung drei Mark in Postwertzeichen geschickt hatte, mit der dreisten Erklärung, die vermeintlich besseren Stücke seien schadhaft oder gar gefälscht – wohl wissend, daß ich, schlechten Gewissens, diese Schurkerei in mich hineinfräße und keinem Erwachsenen ein Sterbenswörtlein verriete.

Meine Mutter, entschlossen wie sie war, hielt nicht viel von solch müßigem Streit; ob der Alte ein Gauner sei oder nicht, er sei jedenfalls der nächste, an den wir uns halten müßten; und trotz der späten Stunde rief sie ihn an. Wir standen gespannt um den Fernsprecher, hörten, was die Mutter fragte und sagte, böse, hoffnungsvoll und zuletzt kleinlaut – und als sie dann eingehängt hatte, gab sie uns Bericht: ja, der Händler habe sich erinnert, nur dunkel bei so vielem Hin und Her von An- und Verkauf; das Zeug sei nichts wert gewesen; mehr, um dem Sohn eines guten Bekannten die Freude nicht zu verderben, habe er eine gewiß geringe, aber durchaus angemessene Summe dafür bezahlt; den Inhalt der Schachtel habe er nach flüchtiger Durchsicht in sein Wühlkistchen geworfen, das meiste sei ja wohl schon weggegangen. Und natürlich habe er sich nach dem Namen des minderjährigen Verkäufers erkundigt, er habe doch annehmen dürfen, er sei von meinem Vater gewissermaßen ihm geschickt worden; wären die Münzen was wert gewesen, beim leisesten Verdacht hätte er bei uns angerufen.

Wir waren also klug wie zuvor, die Auskunft konnte ehrlich sein oder dreiste Heuchelei; es ist ein für allemal im dunkeln geblieben, ob die Münzen insgesamt nur Schund waren; ich war nahe dran, von meinem Goldstück zu erzählen, aber ich schwieg dann doch. Nur mich selbst fragte ich, ob die Witwe oder ihr Schwager von diesem einen Gepräge etwas wußten, ob sie es für echt gehalten hatten oder für einen Kitsch; um eine berühmte Sammlung, so hatte der Bankier versichert, als ihm meine Mutter die Herkunft preisgab, könne es sich nicht handeln, da müßte er als Fachmann doch auch was gehört haben.

Der sündige Sohn war, mit dem Gram der Eltern beschwert, ins Bett geschickt worden, vermutlich hatte er sich längst mit bitteren Tränen in den Schlaf geweint, als wir immer noch darum rangen, wie wir die üble Geschichte zu einem leidlichen Ende bringen sollten. Den Vorschlag, mit Hilfe eines Anwalts und mit dem Bankier als Zeugen für die Wertlosigkeit der Münzen die Forderung der Witwe anzufechten, ließen wir wieder fallen, mit Polizei und Gerichten wollten wir nichts zu tun haben; aus dem gleichen Grund verwarfen wir auch den Plan, gegen den schäbigen Erpresser vorzugehen, der doch erbarmungslos zwei halbwüchsige Kinder immer tiefer in ausweglose Schuld hatte treiben wollen. Es blieb also nur die Frage, wie wir die fünf Dollar beschaffen sollten, vielleicht durch Hingabe eines Familienerbstücks, um uns loszukaufen.

Schließlich, als ich mit den Eltern allein war, hielt ich nicht mehr zurück, auch sie hart zu tadeln; und mit ihnen zugleich mich selbst und die ganze, heillose Zeit, in der wir lebten: wie oft hatten wir den Buben sogar belobt, wenn er irgendwas daherbrachte, was auf geradem Weg nicht zu beschaffen war; wie krumm seine Wege gewesen waren, hatten wir immer weniger gefragt. So durfte es uns eigentlich nicht wundern, daß er auch auf eigne Faust seine trüben Geschäfte machte in einer Welt, von der wir Erwachsenen keine Ahnung hatten.

Meinen geheimen Besitz, meine schwere Mitschuld, die Münze aus Gold, verriet ich auch jetzt meinen Eltern nicht; den Bruder, der sie mir geschenkt hatte, fragte ich andern Tags so unverfänglich, wie es anging, ob er sich, ganz allgemein, des Inhalts jener Schachtel noch erinnere; ich konnte beruhigt sein, er hatte alles vergessen. Und so trug ich, denselben Vormittag noch, die Münze zu dem Rothaarigen; der zitterte vor Begierde, als ich das schwere Goldstück vor ihm auf den Tisch legte. Sicher hatte er längst überschlagen, was es wert war; aber, um den Schein eines ehrlichen Käufers zu wahren, wog und rechnete er umständlich herum; die schnöde Absicht freilich, mich übers Ohr zu hauen, war ihm ins Gesicht geschrieben; aber ohne abzuwägen, wie sehr er mich betrügen wollte, sagte ich, er müsse mir fünf Dollar dafür geben. Woher er Devisen zaubern solle, jammerte er, aber ich blieb fest, ergriff meine Münze und sagte, irgendwer werde sie schon haben. Und natürlich hatte er sie selbst, und er holte die Scheine aus einem Versteck und legte sie mir auf den Tisch. Nun brauchte er die Freude an dem glänzenden Geschäft nicht mehr zu unterdrücken, er entließ mich mit Segenswünschen – und wenn ich wieder einmal etwas für ihn hätte ...

Ich ging schnurstracks zu dem Onkel, er sah mich mit stechenden Augen an, sicher glaubte er, ich sei gekommen, um ihn um Aufschub, um Gnade gar, zu bitten. Ich mußte mir Gewalt antun, um ihm meinen Haß, meine Verachtung nicht ins Gesicht zu schreien. Aber ich sagte ihm mit kalter Höflichkeit, ich sei da, um den unerquicklichen Fall in seinem Sinne zu bereinigen; das Geld, fünf Dollar, stünden zu seiner Verfügung, sobald er mir bestätigt hätte, daß mit der Auszahlung die Angelegenheit unwiderruflich erledigt sei. Ich legte ihm einen von mir vorbereiteten Schein auf den Tisch, und er unterschrieb ihn, als er die Banknoten in meinen Händen sah, nach flüchtiger Durchsicht ohne Zögern. Auch er wird bei diesem schmählichen Handel kein gutes Gewissen gehabt haben.

Ich hätte jetzt, das sichernde Blatt in der Tasche, dem Böse-wicht gründlich die Wahrheit sagen können; wer will, mag es feige nennen, daß ich's nicht getan habe, und vielleicht war es wirklich auch die Furcht, diesen giftigen Burschen noch zu reizen; aber es überwog der Ekel, mich mit ihm einzulassen, und, mehr noch, das Gefühl der Freiheit, so, als wäre ein Höllentor hinter mir zugefallen.

Noch wußte ich nicht, was ich daheim erzählen sollte; beim Mittagessen, das wir unlustig genug und in lauerndem Schweigen einnahmen, erging ich mich nur in verschwommenen Andeutun-gen, ich hätte einen Ausweg gefunden. Ich lächelte meinem Bruder zu, er sei noch einmal davongekommen, ich hoffte, es werde ihm eine Lehre sein. Aber alle genauer zielenden Fragen schnitt ich ab. Unser leichtblütiger Vater war als erster zufrieden, er mochte schon wieder andre Dinge im Kopf gehabt haben; meine Geschwister verstummten; und erst nach Tisch, als ich mit meiner verschwiegenen Mutter allein war, machte ich sie zur Mitwisserin meines Geheimnisses.

Daß Unrecht durch Unrecht nicht aus der Welt zu schaffen sei, wußten wir wohl; aber wir nahmen die Last auf uns. Die Münze aus Gold – nie hätte ich sie behalten können, seit der Fluch auf ihr lag, daß ich wußte, was sie wert war und wie sie mir in die Hände gekommen war. Und wem hätten wir sie geben können? Noch heute, als alter Mann, nach mehr als einem halben Jahrhundert, weiß ich keine Antwort auf diese Frage.

Damals meinte meine Mutter, trotz allem dürfe mein Bruder nicht ungestraft bleiben. Am nächsten Tag schon sollte er mit einer Jugendgruppe auf eine Bergfahrt gehen, mit einem Fähn-leinsführer von guter alter Wandervogelart. Das wollte sie nun dem Buben, der sich schon lang darauf gefreut hatte, verbieten. Nur mit Mühe gelang es mir, ihr das auszureden, ja sie zu beschwören, diesen Glücksfall zu nützen und, für entscheidende Tage, dieses halbe Kind aus seiner verworrenen Welt in die Freiheit der Natur (und der Kameradschaft) zu entlassen. Und so zog denn mein Bruder, ohne zu wissen, was schon über ihn beschlossen war, aber doch wohl bis zuletzt in der Furcht, nicht mitzudürfen, strahlend ab und kam munter, als ein Verwandel-ter, wieder.

Erst viele Jahre später, als wir beide längst gestandene Männer waren, habe ich ihm alles erzählt; und es hat mich nicht erstaunt, als er mir bekannte, es seien wirklich jene Tage eine Wende seines Lebens geworden.

Nicht in Hannover selbst hatte ich diesmal gelesen, sondern in
den prächtigen und auch gegen Kriegsende noch friedsamen
Städtchen des Weserlandes, in Detmold, in Rinteln, in Lemgo,
in Hameln, in Bückeburg, es war eine Lust gewesen, so viel
Schönheit der Landschaft und der Bauten zu genießen, wer
konnte denn schon da überall hin, wenn nicht der fahrende
Sänger? Obendrein hatte mir in Bückeburg noch die Apotheke-
rin die herrlichsten Birnen von ihrem mächtigen Baum gepflückt.

Vielleicht hatte ich mein Herz zu weit, zu sorglos aufgetan –
nun, da ich in den Bahnhof von Hannover einfuhr, krampfte es
sich zusammen, im Anblick wüsten Getümmels, im Ahnen düsteren Verhängnisses. Schwer deutbares Unheil lag in der Luft.
Wenn nur der Zug kam, der Schnellzug mit dem Schlafwagen,
der mich nach München schaukeln sollte!

Noch war alles so gut wie unzerstört, aber verstört waren die
Menschen. Wo sie nur alle hinwollten, Ströme von Gestalten
aller Art, die sich begegneten, ineinander verkeilten, immer die
einen begierig, dort hinzukommen, wo die anderen herkamen.
Dazwischen standen andre Gruppen, wild redende Flüchtlinge
in ihren östlichen, wattierten Joppen, teilnahmslos Geduldige
auf Bündeln und Koffern, Mütter mit weinenden Kindern,
Hamsterer, ängstlich über pralle Säcke spähend, Geschäftsrei-
sende, Soldaten mit Waffen und schwerem Gepäck, Feldpolizi-
sten, die das Gewühl durchkämmten – und plötzlich wurde eine
Kette von Fahnenflüchtigen vorübergezerrt, Hand an Hand gefesselt.

In dieser Hölle hieß es geduldig warten; ich setzte mich in die
durchtobte, verräucherte, verdreckte Gaststätte, ich hatte das
Glück, eine stille Ecke zu finden, ein Glas Dünnbier zu kriegen
und neben einen vertrauenswürdigen Nachbarn zu kommen,
der meinen Platz und das Gepäck bewachte; denn immer wieder lief ich zu einem Schalter, zur Sperre, um eines Eisenbah-
ners habhaft zu werden, der mir über meinen Zug aus Hamburg
nach München Auskunft geben könnte.

Niemand wußte, wann und auf welchem Gleise er einlaufen
würde.

Statt dessen ertönten jetzt die Sirenen, und der Ruf »Bahnhof
räumen!« scholl gebieterisch durch das Getöse. Aber schon war
alle Ordnung aufgelöst; statt sie zu verlassen, drückten sich

noch mehr Menschen in die Gänge. Drohender gellte der Voralarm, Voralarm, Voralarm!

Wieder hielt ich, durch Wälle von Menschen mich zwängend,
Umschau nach einem Bescheid. Und diesmal hatte ich Glück.
Eine dicke Schaffnerin, die ich anflehte, sagte mir, obendrein in
vertrauter bayrischer Mundart, der Schnellzug komme gar nicht
nach Hannover, er werde über Lehrte umgeleitet. Aber, setzte
sie, mitleidig auf die Uhr blickend, dazu, den letzten Zug nach
Lehrte, den werde ich nimmer erreichen, der fahre grad ab, auf
Bahnsteig drei.

Ich raste, mich durch das Gewühl stoßend, auf meinen
Platz zurück, warf einen Geldschein auf den Tisch, ergriff Koffer und Birnensack, keuchte zum Bahnsteig hinauf – zu spät:
der übervolle Zug, vom Geschrei der Mitfahrer wie der Begleiter umbrandet, rollte bereits, wenn auch nur langsam vorerst,
aus der Halle.

Ich stand ganz dumm da, ohne Gedanken. »Hätten Sie noch
mitwollen!?« rief mich in diesem Augenblick ein Soldat an, eine
Antwort brauchte er nicht, er schrie zu einem offenen Fenster
hinein, er ermunterte ein paar Herumsteher: Ich wurde in den
Wagen gehoben und gezogen, der Koffer kam nach, sogar der
Birnensack und zuletzt der linke Schuh, der einem der Helfer in
den Händen geblieben war. Fast war alles eine Gaudi.

In Lehrte stieg ich aus, die Mitreisenden verliefen sich. Eine
tiefe, sausende Stille war, meine Schritte hallten, nirgends
brannte ein Licht. Daß hier ein Zug kommen sollte, ward zu
glauben mir von Viertelstunde zu Viertelstunde schwerer. Die
Zeit war um, die Minuten dehnten sich: kein Fahrdienstleiter
erschien, kein Signal war zu sehen. Und dann hörte das lau-
schend angespannte Ohr doch das dumpfe Rauschen, ein Later-
nenschwenker tauchte aus dem Nichts, riesig schob sich die
Maschine heran. Mein Schnellzug hielt, hielt für den einzigen
Fahrgast von Lehrte, von Hannover.

Der Schlafwagenschaffner prüfte freundlich meine Fahrkar-
ten, wies mir ein Bett an, fragte wie er eh und je die Reisenden
fragte, ob sie noch einen Sprudel wünschten. Selten hat mir ein
kühler Trunk so wohlgetan. Ich zog mich aus und legte mich in
das weißbezogene Bett, vom längst wieder fahrenden Zug ge-
schaukelt.

In diesem Nu, mit einem furchtbaren Schlag, mit dem Krachen der Bomben, dem Geratter der Abwehr, in aufschießen-
den Höllenbränden und dumpfem Trümmerfall, tobte der An-

griff. Ich war aufgesprungen, in Hemd und Unterhose stand ich am Fenster, neben dem schweigenden Schaffner. Wir starrten in das schauerliche Feuerwerk, der Himmel hinter uns war eine einzige Flamme – aber der Zug fuhr und fuhr.

Es war die Nacht, in der Hannover zerstört wurde.

Eine Überraschung

Mitten im Krieg, vielleicht 1943, las ich in einer mitteldeutschen Stadt, die ich wohl nennen könnte, meine Gedichte und Geschichten vor – und hernach bildete sich, bei einem Glas Wein, ein geselliger Kreis, in dem mir der Ehrenplatz neben dem eichenbelaubten SS-Gewaltigen angeboten wurde. Er war ein riesiger Bulle, er war, wie mir schien, von jener Schlagetot-Sorte und Menschenfresser-Bonhomie, die sattsam bekannt ist.

»Lieber Parteigenosse Roth!« sprach er mich an, und ich mußte mir ein Herz fassen, um zu sagen, daß ich kein Parteigenosse sei.

»Ach so!?« meinte er, erstaunt und auch ein wenig gekränkt, »aber das werden wir ja gleich haben!« Er wollte das unverzüglich in Ordnung bringen; und ich hatte alle Mühe, ihn anzulügen, der Herr Gauleiter Wagner in München habe die Sache schon in die Hand genommen. Nebenbei bemerkt, in diese Klemme geriet ich oft und oft – nur ein Ami, um mich nicht deutlicher auszudrücken, konnte sich 1945 nicht vorstellen, wie schwierig es war, als Zeitungsmann damals kein Parteigenosse zu werden.

Im Verlauf des Gesprächs stellte sich der schwarze Riese als umgänglicher und gebildeter heraus, als zu vermuten war; und öfter als einmal sagte er Dinge, die er eigentlich in seiner Stellung nicht hätte sagen dürfen. Ich war freilich mißtrauisch, ich dachte, er wolle mir nur auf den Zahn fühlen – aber wahrscheinlich redete ich, trotz meines Vorsatzes, auf der Hut zu sein, immer noch weit unvorsichtiger daher, als es angebracht schien.

Gleichwohl trennten wir uns, spät genug, im besten Einvernehmen; und am andern Tag sollte ich mit ihm das nicht unberühmte Museum der Stadt besichtigen, das für die Öffentlichkeit wegen der Bombengefahr geschlossen war.

In der Nacht, lange schlaflos, überlegte ich bangen Herzens, was ich alles gesagt hatte – es war gefährlich genug; aber noch weit verwunderlicher waren die Anspielungen, die der wuchtige Nußknacker in seinem bedrohlichen SS-Gewand gemacht hatte –, jedenfalls schien mir äußerste Vorsicht am Platze: Wer weiß, ob er nicht ernüchtert und voll arger List, auf das zurückkommen würde, was er beim Wein so bedenklich andeutend hingeplaudert hatte, um mich zu fangen.

Wir trafen uns, allein, im Museum, er sah müde aus, massig und schlaff in seiner straffen Uniform. Ich suchte, mit fast übertriebener Aufmerksamkeit, mich – und damit auch ihn – den Schaustücken zuzuwenden, die wir besichtigten; er aber wandte sich immer wieder, mit einer beängstigenden Hartnäckigkeit, den bedenklichsten Gesprächen von gestern zu; und ich gestehe, daß mir nicht wohl dabei war.

Und plötzlich schlug er mit der Faust an seine Brust, zerrte an seinem Kragen, als bliebe ihm die Luft weg, und wahrhaftig, es standen Tränen in seinen Augen. Ich stand hilflos und erschüttert einem Zusammenbruch gegenüber, der bei Gott nicht mehr gespielt sein konnte. »Da habe ich«, rief er in die leere hallende Stille, »guten Glaubens diese Uniform angezogen – und nun stehe ich da, im Gewand von Mordbuben – und ausziehen kann ich diesen Rock nicht mehr, ich werde ihn tragen müssen, bis zur Höllenfahrt dieses Teufels, dem ich mich verschrieben habe.«

Ich schwieg ergriffen, was hätte ich auch gleich sagen sollen; aber ich nahm seine große Hand in beide Hände. »Ich habe es einmal aussprechen müssen«, fuhr er ruhiger fort, »es hätte mir sonst das Herz abgedrückt.«

Bedenkliche Texte

Im Krieg war ich zum Vorlesen nach Siebenbürgen gefahren, weit fort also und bis zu meiner Heimkehr nicht zu erreichen. In dieser Zeit kam zu meiner Frau der Schriftleiter des für die Flieger bestimmten Blattes ›Das Fadenkreuz‹ und wollte einige Gedichte zum Vorabdruck haben. Sie ließ ihn, nach vergeblichen Weigerungen, in der berühmten Schublade kramen, in der bekanntlich die Dichter 1945 nichts liegen hatten – aber ich hatte, drei Jahre zuvor, in der meinigen was liegen, und zwar Verse, die sich keinesfalls zur Veröffentlichung eigneten. Schon, daß der Besucher sich einige selbst aneignete, machte meine Frau bedenklich, sie beschwor ihn, ihr vorher noch zu zeigen, was er drucken wollte, er versprach's hoch und heilig und verschwand auf Nimmerwiedersehen.

Ich kam zurück, meine Frau erzählte mir, recht beiläufig, unter vielem anderen, die Geschichte. Auch ich dachte weiter nichts Böses, bis wir, bald darauf, ein Belegstück der in Millionenauflage verbreiteten Zeitschrift bekamen und mit Entsetzen das Gedicht schwarz auf weiß vor uns sahen, das der harmlose Bursche in Satz gegeben hatte: »Ein Mensch hält Krieg und Not und Graus, / kurzum ein Hundeleben aus, / und all das, sagt er, zu verhindern, / daß gleiches blühe seinen Kindern. / Besagte Kinder werden später / erwachsene Männer, selber Väter, / und halten Krieg und Not und Graus ... / Wer denken kann, der lernt daraus!«

Ein unbedarfter Leser von heute wird vielleicht achselzuckend fragen: »Na und?« Aber wir, damals, wo Wehrkraftzersetzung ein todeswürdiges Verbrechen war, fragten uns doch was anderes, nämlich: wann ich im Morgengrauen abgeholt würde oder mindestens vorgeladen, um einem brüllenden SS-Mann zu erklären, was ich mir bei diesem Gedicht gedacht hätte. Aber Tag um Tag verging, nichts rührte sich. Manchmal ist es doch gut, wenn man als Humorist gilt, über dessen heitere Verse man nur lachen kann.

Ein anderes Beispiel: In Berlin las ich im Studentenhaus, ein übervoller Saal kargte nicht mit Beifall. Und zum Schluß trug ich ein Gedicht vor, in dem ein Mensch einen von der Partei empfohlenen Film abscheulich findet, dann glaubt, sich geirrt zu haben, wieder das Lob liest, wieder in den Film geht, wieder bitter enttäuscht ist und wieder die Zeitung liest. Als ich die Schlußzeilen brachte: »Er starb in geistiger Umnachtung / als Opfer unsrer Kunstbetrachtung!«, erhob sich ein wahres Gebrüll, die Hörer – nicht bedenkend, in welche Gefahr sie mich brachten – stiegen vor Begeisterung auf die Stühle: so befreiend wirkte damals, im Krieg, ein offenes Wort!

Ich selbst freilich wurde schon andern Tags ins »Promi« gerufen – hatte aber das Glück, auf die unter Larven vielleicht einzig fühlende Brust zu treffen und mit einem Verweis davonzukommen.

Der Unglückskoffer

Daß ein Mensch, wenigstens zeitweise, unter einem Unstern steht, lassen auch aufgeklärte Leute gelten, wenn's mit allen Vernunftgründen nicht mehr wegzuleugnen ist. Aber daß sich das Unheil ebenso an leblose Dinge hängen kann, wollen sie nicht wahrhaben, die Tücke des Objekts bleibt ihnen ein Scherz, und nur das schlichte, abergläubische Volk behauptet's hartnäckig und erhärtet's noch durch wunderliche Berichte. Ich schlage mich auf die Seite der kleinen Leute und steuere die Geschichte eines Opfers bei, das wohl von einem bösen Geist besessen war, auch wenn ich lange der Meinung war, sein eigentlicher und rechtmäßiger Alleinbesitzer zu sein.

Den Koffer haben wir, meine Frau und ich, in einem feinen Geschäft in Karlsbad gekauft, er war noch Friedensware, zu Beginn des Krieges, und ganz wohl ist uns dabei nicht gewesen: im besetzten Böhmen, wenngleich bei deutschen Händlern ein kostbares Ding zu erwerben, wie es seinesgleichen im »Altreich« längst nicht mehr gab. Vielleicht ist der Kobold in dem Augenblick in den Koffer geschlüpft, als wir, höflichst bedankt, die hundertsechzig Mark hinlegten und unsere Münchner Anschrift übergaben, damit man ihn uns schicke.

Wie gesagt, ich wenigstens hatte ein schlechtes Gewissen, die Erwerbung des Koffers schien mir ein Raubkauf, gar als ich in Prag sehen mußte, wie gewisse Herren mit Pickeln, Fettnacken und Aktenmappen alles zusammengrapschten, was es an Begehrenswertem noch gab; auch wir hätten so manches gut gebrauchen können, aber wir widerstanden der Versuchung. Der Koffer freilich, so beschwichtigten wir uns selbst, war ein dringender Bedarf, ihn zu finden, eine Gnade des Himmels.

Als wir heimkamen, war der Koffer schon da. Natürlich, er hätte ein bißchen kleiner und handlicher sein dürfen; es war mehr ein Schrankkoffer, mit glänzend gewichstem, bunt gestreiftem Segeltuch überzogen, mit Holzleisten geschützt, mit Messingkappen beschlagen, ein wenig zu gewichtig, gewiß, dafür aber auch gediegen, mit festen Schlössern; es war eine Lust, sie schnappen zu lassen.

Und vor allem, es war ein nagelneuer Koffer, kein erblich belasteter Reisediener, nicht irgendein altes Familienstück aus Rindsleder, dessen Leben an einer düsteren Kette von Zufällen, Spukgeschichten und Abenteuern bis weit ins vorige Jahrhundert reicht und dessen Anfänge auf einen berüchtigten Reiseon-

77

kel oder eine gefürchtete Tante – »freut Euch, ich komme!« – zurückgehen. Es war ein nüchterner, vorurteilsloser, auch im leeren Zustand von neuer Sachlichkeit erfüllter Zeitgenosse.

Allsogleich sollte er seine erste Reise antreten und seine Vorzüge erweisen. Daß er so geräumig war, kam uns diesmal sehr gelegen: meine Frau fuhr auf drei Wochen zur Kur nach Franzensbad; und ich brauche nicht aufzuzählen, was da alles in einen Koffer hineingestopft werden muß, bis ein weibliches Wesen die Zwangsvorstellung los wird, es habe nichts anzuziehen.

Der schwere Schatzbehälter wurde mit kriegsbedingten Mühsalen zum Bahnhof geschleppt, und, noch keuchend, zerschunden und schweißgebadet, aber glücklich erlöst, sah ich andächtig dem lieben Mann zu, der ihn kraftvoll und gewandt amtlich als Passagiergut behandelte. So rar die Zigarren längst waren, diesem Hilfreichedelenguten mußte eine geopfert werden: Dank, heißen Dank!

Meine Frau kam wohlbehalten in Franzensbad an; nicht aber der Koffer. Im schlichten Reisekleid saß die Arme im besten Hotel unter lauter feinen Damen, die früh, mittags und abends ihre Reize in wechselnden Textilien boten. Immer dringender wurden die Beschwörungen, brieflich, fernmündlich, telegrafisch, ich möchte mich doch nach dem Verbleib des Koffers erkundigen. Ich lief zur Bahn, jeden Tag, ich wies den Aufgabeschein vor, ich flehte, ich drohte; Laufzettel wurden hinausgeschickt wie die Taube aus der Arche Noah, aber sie kehrten ohne den Ölzweig der Hoffnung zurück. Und meine Frau saß, gewiß verzweifelt, reisegrau und unscheinbar im böhmischen Bad herum, kaum eine Meile von der Stadt entfernt, in der wir, vor Wochen erst, den Koffer erworben hatten.

Die Gänge zur Bahn, in München wie in Franzensbad, waren vergeblich. Also ging ich zur Polizei, in der Ettstraße; ein alter, urmünchner Wachtmeister von der einschlägigen Abteilung hörte sich meinen Kummer an, beinahe freudig äußerte er sein festes Vertrauen, daß der Koffer mit an Sicherheit grenzender Wahrscheinlichkeit gestohlen worden sei, gleich im Hauptbahnhof, wo die Lumpen die Gepäckstücke zu Dutzenden von den schlecht bewachten Karren wegtrügen, bei Verdunkelung gar und ohne sich um die angedrohte Todesstrafe im geringsten zu scheren.

Ich sollte selbst schauen, meinte er, ob ich meinen Koffer fände – er ging voran, sperrte mir den riesigen weißen Saal auf:

so mußte Vergil dem Dante die Hölle gezeigt haben. Ich ließ alle Hoffnung fahren (und versuchte es dann doch, alleingelassen, eine Stunde und länger). Den weiten Boden bedeckend, zu Bergen gestapelt, lagen die gestohlenen Traglasten da, die aufgesprengten Pakete, die ausgeweideten Taschen, die geschlitzten Mappen, die geknackten Koffer, die zerwühlten Bündel, die entschnürten Rucksäcke.

Aus allen Behältnissen quoll das Hunderterlei des menschlichen Alltags, Hosen und Höschen, Hemden und Büstenhalter, Schuhe und Rasierzeug, Bücher und Zeitungen, ein wüstes Chaos, zeugend von Reichtum und Armut, vor Wochen oder erst gestern noch ängstlich und doch vergeblich gehüteter Besitz, mühselig ergatterte Hamsterware darunter, verschimmelte Wegzehrung, verfaultes, übelriechendes Obst.

Die Diebe hatten es ja nur auf Wertgegenstände abgesehen, das Gepäck nach Kameras und dergleichen durchwühlt, nichts mitgenommen, was sie hätte verraten können und was kein Hehler mochte; und die geschändeten Koffer hatten sie wohl ins nächste Gebüsch geworfen oder in einen finsteren Hausgang gestellt, grinsend vermutlich, wenn sie einen guten Fang gemacht hatten, und wütend, wenn sie leer ausgegangen waren. Mich faßte wirklich der Menschheit ganzer Jammer an: hundert- ja tausendfachen Schaden hatten die Kerle den armen Opfern angetan, um einer vielleicht erbärmlichen Beute willen.

Ich spähte mit geschärften Augen umher, öfter als einmal glaubte ich, unsern Koffer entdeckt zu haben, aber fremdes Zeug starrte mich höhnisch-traurig an – endlich gab ich es auf: mein Eigentum war nicht dabei.

Ich ging ins Dienstzimmer zurück, der Wachtmeister schaute mich bekümmert und doch fast schadenfroh an: er hatte sich's gleich gedacht, daß meine Mühe vergeblich sein würde.

Eine Anzeige? Er wies, mitleidig lächelnd, auf einen Stoß von Papieren hin: lauter Anzeigen!

Meine Frau kam zurück, neuer Schmerz überwältigte sie beim Öffnen der Schränke: das Beste hatte sie dem verschollenen Koffer anvertraut. Fast hatten wir den Verlust überwunden, da brachte, drei Wochen später, der Postbote eine amtliche Karte von der Reichsbahndienststelle Garmisch-Partenkirchen mit der dienstlich abgefaßten Frage, wann wir endlich den dort lagernden Koffer abzuholen gedächten.

Natürlich, nüchterne Menschen werden sagen, der Koffer könne nichts dafür, er sei eben versehentlich verschickt worden.

Aber ich glaube fest, er habe sich, ein tückischer Wechselbalg, verschicken lassen, um, zwei Fliegen auf einen Schlag treffend, nicht nur uns zu ärgern, sondern auch jene(n) Unbekannte(n), der oder die, kleiderarm, wäschebeschränkt, schlicht wie eine Laus wochenlang in einem feinen Alpenkurhaus gesessen war, vergeblich einen Koffer erwartend, der in Franzensbad oder, wer weiß wo, gelandet war, ein Rätsel und ein Abscheu der Bahnbehörden. Mitfühlend, wie wir sind, gedachten wir, inmitten unsres unverhofften Glücks, der beklagenswerten Gegenpartei – wollte auch ihr das Schicksal hold sein!

Jedenfalls, der Koffer kam, es war mehr als eine Weihnachtsfreude, wie meine Frau ihn nun auspackte, Wiedersehen mit längst verloren geglaubten Lieblingen feierte, Stück für Stück in die Schränke barg. Selbst dem Koffer verziehen wir wie einem heimgekehrten Sohn.

Inzwischen war aber die Zeit gekommen, wo nichts mehr geborgen schien, was in Schränken hing oder lag, immer dringender heulten Nacht für Nacht die Sirenen, besonders die Menschen warnend, die »im Fliegerparterre« wohnten, fünf Stockwerke hoch, wie wir, unterm Dach. Und da hat denn auch den Unglückskoffer sein Schicksal ereilt, im Januar 1945 – und daß da weit kostbarere Dinge draufgingen, war der letzte Tort, den er uns hatte antun können.

Theodor Däubler

»Herr Däubler, dichten Sie immer so?!« Ein sächsisches Mädchen, furchtlos wie eine Gans, drängte sich an den mächtigen Mann, der uns eben im Kutscherkreis aus seinem ›Nordlicht‹ vorgelesen hatte. Wir saßen noch lange beim Wein zusammen, der Zufall wollte, daß ich sein Tischnachbar wurde, ein junger, schüchterner Student neben dem bärtigen Riesen, damals einem der berühmtesten Dichter schlechthin. Ich fühlte mich gar nicht behaglich, denn er würde mich erdrücken, so bangte ich, der massige Halbgott, der weltläufige, umschwärmte Mann, der wortgewaltige Hymniker, der zweite Dante?

Wie aber staunte ich, als seine erste, unsicher, ja ängstlich an mich gestellte Frage war, ob er auch wirklich Eindruck auf die jugendliche Hörerschaft gemacht habe. So begeistert ich ihm auch seinen Erfolg bestätigte, er ließ nicht locker, er suchte in immer neuen Wendungen, zwischen Furcht und Hoffnung, horchend und aushorchend, die süße Labe des Lobes, ausgerechnet von mir, dem unbekannten Anfänger, dem Zwerg, der da neben, ja schier unter ihm saß, von seinem Zeus-Bart umwallt, von seinem schwermütig-großäugigen Blick ins Herz getroffen.

Wie es oft geht nach Lesungen im Kreis der Verehrer, es bilden sich eigne Gesprächsgruppen, der, den es zu feiern gälte, sitzt schließlich allein, und so war Theodor Däubler mir überlassen, und ich durfte, ich mußte ihn auch in sein Hotel begleiten. Und nun, auf der leeren Straße, nahmen seine Fragen und Klagen gewaltige, hymnisch-hiobsche Formen an. Wie ein jammerndes Kind, bildlich übertrieben, mußte ich ihn zu Bett bringen.

Ein Wintervergnügen

Wir waren, im tiefen Winter, von Freunden auf dem Lande zu ihrer silbernen Hochzeit eingeladen worden, und in der klugen Voraussicht, daß bei einem solchen Fest mehr getrunken würde, als es für Kraftfahrer zu verantworten gewesen wäre, hatten die Gastgeber einen Omnibus bestellt, der die Beteiligten einsammeln und, was noch weit wichtiger war, wieder zurückbringen sollte.

Statt des versprochenen neuen Fahrzeugs hatte der Unternehmer freilich nur einen alten Klapperkasten geschickt, der sich mühsam genug über die verschneiten Landstraßen dreißig Meilen weit zu dem Klostergut durchkämpfte. Aber glücklich kamen wir an, in behagliche Wärme, in strahlendes Licht traten wir, selbst festlich gerüstet für das hohe Fest, die Herren in Schwarz, die Damen im langen duftigen Abendkleid, in goldenen Schühchen, in kunstreichen Frisuren. Kostbare Pelze hatten sie um die Schultern geworfen, falls es sie frieren sollte, aber wen fror denn schon in dieser Nacht, im Gegenteil, heiß wurde es den Gästen im Kerzenschimmer, beim Wein, beim kräftigen Mahl. Und wenn, gegen Mitternacht, die Müden aufbrechen wollten, die Unermüdlichen hielten sie zurück, die gefeierten Gastgeber vor allem.

Immerhin, ich trat gelegentlich vor die Tür, nach dem Wetter zu spähen; daß wohl Schnee fallen könnte, war schon am

Abend zu erwarten gewesen; und nun fiel wirklich Schnee, dichter, nasser Schnee wirbelte herab. Ich ging ins Haus zurück und meldete es, aber Gelächter erscholl, als ich riet, nicht länger mehr mit der Rückfahrt zu zögern.

Und einer der Gäste, der schon, in der immer fröhlicher werdenden Nacht, eine Weile die Gesellschaft mit bayrischen Liedlein und G'stanzeln zur Gitarre unterhalten hatte, sang mir zum Trutze das alte Schnaderhüpfl: »An der böhmischen Grenz' hat's an Fuhrmann verwaht, ganz recht is's eahm g'schehgn, warum fahrt er so stad!« Und er setzte noch, übermütig, den Spruch von den lustigen Hammerschmiedsgsellln drauf: ». . . könn' ma hoamgehn, könn' ma dableibn, könn' ma toan, was ma wölln!«

Aber ich war nun einmal beunruhigt und ging noch einmal vors Haus. An der Türschwelle wäre ich beinahe ausgerutscht, eine glatte Eiskruste hatte sich gebildet. Und der Schnee war in Regen übergegangen, in strömenden Regen. Sogleich entsann ich mich der eindringlichen Schilderung Adalbert Stifters von dem Eisbruch; und als ich diesmal zurückkam, die bedenklicher gewordene Wetterlage zu melden, obsiegte die Meinung, daß man aufbrechen müsse, über die Unentwegten.

Der Omnibus fuhr vor, die Gäste, von dem Jubelpaar herzlich verabschiedet, stiegen ein, fröstelnd und jäh ernüchtert, aus Licht und Wärme gerissen in Regen und Finsternis. Noch ging alles gut, der Wagen ratterte dahin, man würde, zwar feucht und gekühlt, aber doch wohlbehalten nach Hause kommen.

Kam aber nicht: in der ersten Biegung schon erscholl gewaltiges Angstgeschrei, der Wagen hatte ausgeschert, die rückwärtigen Sitzer vermeinten, über den Straßenrand zu rutschen. Stimmen wurden laut, es sei besser umzukehren, lieber auf einem Stuhl die Nacht zu verbringen, als sich solcher Gefahr auszusetzen. Da aber ein Stück geraden und ebenen Wegs kam, gelang es den Tapfern nicht allzuschwer, die Ängstlichen zu beruhigen.

Unvermutet begann eine Steigung. Die abgenützten Räder griffen nicht mehr, sie mahlten hilflos im nassen Schnee.

Noch gab es beherzte Herren genug, die sich, des Regens ungeachtet, ans Schieben machten, und wirklich wurde der Wagen noch einmal flott. Nun aber begann zur Linken der Wald. Die Fichten, mit dem angefrorenen Schnee belastet, seufzten schaurig, vergeblich quälten sie sich, von den tiefgebeugten Ästen die Last abzuschütteln. Und schon hörten wir da und dort den scharfen Knall geborstener Bäume. Nicht lange – und der erste Wipfel lag über der Straße. Auch dieses Hindernis hofften wir wegzuräumen, aber ein Bauer, der des Wegs kam, riet uns in mitleidigem Spott, von unseren Bemühungen abzulassen, dreißig Meter weiter vorne läge ein halbes Dutzend Stämme quer.

Nun war guter Rat teuer, Vorschläge wurden gemacht und verworfen: umkehren, zwischen Wald und Abhang, konnte der Wagen nicht. Zu Fuß zurückgehen – das war fast so weit wie die Strecke zum nächsten Bahnhof, wo der erste Morgenzug uns aufnähme. So siegte der Entschluß, die Flucht nach vorne anzutreten.

Ich weiß wohl, im Kriege und hernach sind hundertmal schlimmere Märsche gewagt worden, und schier schäme ich mich, von unserem Abenteuer soviel Aufhebens zu machen. Aber eine wunderlichere Reisegesellschaft als die unsere wird es nur selten gegeben haben. Regen, Regen, Regen, eiskalt auf durch und durch nasse, dünne Festgewänder, teure Pelze wie ertränkte Katzen um schauernde Schultern, goldne Schühchen in Pfützen und auf blankem Eis, quietschende Lackpumps stolpernd über Steine, weiße Hemdbrüste klatschend an die Haut gepreßt, was soll ich weiter alles aufzählen? Noch hatten ein paar Jüngere Humor oder Galgenhumor genug, um den endlos scheinenden Weg zu kürzen, aber immer stiller wurde es, von den Angst- und Schmerzensschreien der gestürzten Damen, von den Flüchen der Männer abgesehen. Und das unheimliche Sausen und Rauschen des Waldes, das Krachen der gefällten Bäume hörte nicht auf, kein tröstliches Licht blinkte durch die verwunschene Dämmerung, der Forst schien keine menschliche Landschaft mehr.

Zu allem Unheil zeigte sich, im Kleinen, was uns von großen Schicksalen gemeldet wird: Rücksichtslos setzten sich die Rüstigen an die Spitze, hängten die alten Herren und Damen einfach ab; jammernde Matronen und zornig rufende Geheimräte blieben zurück, bis dann endlich doch der letzte Nachzügler den noch dunklen, frostigen Bahnhof erreicht hatte.

Zuerst gab's noch wüstes Schimpfen und Einanderbeschuldigen, dann wurde es still, jetzt erst spürten alle die Überanstrengung, die Nässe, die Kälte. Eine Stunde lang kauerten wir in den geschützteren Winkeln oder stapften auf den Steinplatten herum, dann kam – nicht der Zug, sondern der Omnibus! Ein Wunder, ein Rätsel! Der Fahrer löste es: Gleich nach unserem Abmarsch hatte der Bauer seine zwei Rösser eingespannt und die den Weg sperrenden Fichten von der Straße gezogen. Die Strecke, für die wir Stunden gebraucht hatten, war dann von dem leeren Wagen in Minuten zurückgelegt worden.

Zögernd und eigentlich nicht recht glücklich stiegen wir wieder ein; auf besserer Straße, wenn auch nicht ohne weitere Schrecken, fuhren wir dahin, der Regen hatte aufgehört, und endlich sahen wir, im ersten Morgenlicht, die Frauentürme.

Kiem-Pauli

Gekannt habe ich den Kiem-Pauli schon seit dreißig Jahren und länger, aber so recht kennengelernt habe ich ihn erst im Sommer 1960, kurz vor seinem Tod. Ich bin damals zur Erholung nach Wildbad Kreuth gegangen, in das reizende Biedermeierschloß, wo die stolzesten »Hirschen vom Dienst« friedlich auf der weiten, grünfunkelnden Wiese äsen, wo die hohen Bäume sich in unendliche Wälder verlieren und die Tegernseer, Lenggrieser und Tiroler Berge mit ihren Felsen und Almböden von allen Seiten hereinschauen.

Dort bin ich, eigentlich unvermutet, für zwei gute Wochen der Hausgenosse des Kiem-Pauli geworden, denn der Herzog Ludwig Wilhelm, selbst ein Nachkomme des berühmten Zitherspielers Herzog Max, hat seinem Freund ein Austragstüberl gestiftet, im Herzen der Heimat, wie er sich's schöner nicht hätte wünschen können.

Der Kiem-Pauli war in diesen Wochen schon vom Tode gezeichnet, und er hat es selbst gewußt, wie es mit ihm steht. Zum Doktor Kölwel (einem Neffen des Dichters) hat er gesagt: »Wenn Ihr mich bloß noch über den Sommer hinüberbringt!« und schon ein halbes Jahr früher hat er seinen Lieblingsschüler, den Fanderl-Wastl, in aller Form bei einem großen Volksliedersingen zu seinem Nachfolger erklärt.

Ich bin auch ein kranker Mann gewesen, und so haben wir manche Stunde des verregneten Sommers im Zimmer verplaudert, oder wir sind behutsam nach Siebenhütten hintergegangen, durch den Hochwald, am Steilufer der Weißbach entlang, die Blauberge vor uns, zu den Grasflecken am Bach. Da haust im Sommer die Marie, die vor Jahren das Herz des Kiem-Pauli mit ein paar Rohrnudeln gewonnen hat – einsam hat der Alte sich sein Essen gekocht, ehe die Frau, deren Mann in Rußland

verschollen war, sich seiner erbarmte. Früher gab's in Siebenhütten ein paar hundert Geißen, deren Milch zur Molkenkur
ins Bad gebracht wurde.

Der Pauli war keine Kraftnatur, er ist ein zartes Manderl
gewesen mit einem fein geprägten Kopf; früher ist er wohl
rüstig gewesen und auch lustiger, jetzt war er arg zusammenge-
fallen, das schwere Lodengewand hing um ihn herum – aber die
Pfeife hat er nicht ausgehen lassen, und noch kurz vorm Sterben
hat er sich eine Virginia angezündet: »Weißt, wenn der Doktor
kommt«, hat er zu seinem Besuch gesagt, »dann nimmst sie
du!«

Wir haben uns viel erzählt auf dem Weg, wie er, in München
in der Heßstraße geboren, ein Zitherspieler bei einem Wander-
theater geworden, wie er dann zum Dengg nach Tegernsee gekommen ist, das habe ich freilich schon gewußt, aber über seine
schicksalhafte Begegnung mit Ludwig Thoma und mit dem
ganzen Kreis der Freunde habe ich doch allerhand Neues erfahren. So etwa, daß die Herren hoch und verwegen Karten gespielt haben, zehn Mark und mehr für's Auge. Als er, der Pauli,
erklärte, da könne er, der arme Musikant, nicht mehr mittun,
hat ihn der Ganghofer ausgelacht: »Wenn Sie die Schulden gehabt hätten, die ich vor ein paar Jahren noch gehabt habe, hätten Sie sich gleich aufgehängt.« Anschaulich schilderte er, wie er
am Berg Blumen für den toten Ganghofer gepflückt hat, in aller
Herrgottsfrüh, und dann gesehen hat, wie der Sohn den Sarg
von Tegernsee nach Egern gerudert hat, einsam über das mor-
genglatte, stille Wasser.

Oder er erzählte, wie er mit dem Sänger Leo Slezak nach dem
Zweiten Weltkrieg, im Frühjahr 1946, beim Metzger zusam-
mengetroffen ist, wo der riesige Mann, aller Warnung zum
Trotz, zwei Pfund Leberkäs, gradeswegs aus dem Eiskasten, auf
einen Sitz und ohne Brot verschlungen hat – und vielleicht
daran gestorben ist.

Ludwig Thoma ist einmal von einem Schmuser hereingelegt
worden, der ihm eine Kuh verkaufte, die ihm selbst noch gar
nicht gehörte; der aufdringliche beredte Händler hat mit Hand-
schlag den Preis ausgemacht und dann erst die Kuh geholt, die
ganz nah bei der Tuften im Stall gestanden ist.

Thomas Bruder Peter war ein sehr schweigsamer Mensch; in
Australien hat er sich im wahrsten Wortsinn durchgeschlagen,
als Boxer; und hat ein ziemlich verwüstetes Gesicht mitge-
bracht – sonst nichts. Bei der Erbschaft haben alle Beteiligten

zweihunderttausend Mark gekriegt, der Peter hat in Schleißheim eine Art Fabrik aufgemacht und ist damit schnell in der Inflation davongeschwommen. Dann hätte er wieder von der Maidi von Liebermann Geld haben wollen, aber sie hat keins mehr herausgerückt ...

Viel hat der Kiem-Pauli auch von den Herzögen berichtet, von Albrecht (dem Sohn des Kronprinzen Rupprecht), dem er lange Zeit in Wildbad ein Mentor war, vom Herzog Luitpold mit seinem närrischen Ritterschloß und von seinem eigentlichen Gönner, Ludwig Wilhelm. Ohne Ludwig Thoma und die Wittelsbacher, das wußte er wohl, wäre er ein Zitherspieler geblieben wie andere auch; aber ich bestand auch auf dem, was die Herren des Tegernsees und des Kreuther Tals ihm, dem einfachen Mann, zu verdanken haben. Er besaß einen besonderen Schlüssel zu der Tür, die unmittelbar in die menschlich bewohnten Zimmer der Fürsten führte; und nicht zuletzt sind durch den Kiem-Pauli und seinen Anhang diese Wittelsbacher so volkstümlich geblieben und beliebte, statt nur beliebige Adelige und Großgrundbesitzer geworden. Die Freundschaft ist in dem tausendjährigen »Bauerntum« der Wittelsbacher verwurzelt, das freilich viele Wege gegangen ist, aber im Herzog Max, im Prinzregenten Luitpold, im König Ludwig III. sich besonders gezeigt hat – vom noch viel ausgeprägteren »Jagerischen« ganz zu schweigen.

So ist es denn auch kein Wunder, daß sich am Grab des Kiem-Pauli, an der hochgelegenen Kirche von Kreuth, ein Kreis von Freunden zusammengefunden hat, wie er sobald kaum mehr sich fügen wird. Es ist wieder einmal erwiesen, daß sich die Schichten der Menschen, die wir kennen, wie Flöze hinziehen und daß die Verwerfungen eines einzelnen Todesfalles sie für immer unauffindbar machen. Denn an diesem Grab hat sich das Merkwürdige gezeigt, daß wir von einer solchen Versammlung der einen Hälfte seit langem vertraut sind, der andern aber, sie mag sich noch so eng mit unsern Freunden verbinden, fremd bleiben – als angehender Greis knüpft man keine Beziehungen mehr, es ist bei Bekannten und Unbekannten geblieben.

Der Septembertag war wunderschön in seiner blaugoldenen und grünen Stille, der Friedhof liegt auf der Höhe, innig um die altbayrische Kirche geschmiegt. Uralte Apfelbäume mit glänzenden Früchten schauen über die Mauer. Auf allen Firsten und Drähten saßen reiselustig die Schwalben, die wie ein Sternenregen aufschossen, als der Sarg mit Böllerkrachen in die Erde gesenkt wurde. Die Waakirchner, die Fischbachauer Dirndln und die Riederinger Buam sangen, wie der Kiem-Pauli sie's gelehrt hatte, mit bayrischer Anmut, freilich schon fast zu fein, seit der Rundfunk die Herzhaftigkeit so abgeschliffen hat. Und schier vermißte ich die urwüchsigen Klänge einer richtigen Blasmusik.

Noch waren Trachten zu sehen, gewiß; aber wenn ich einer Miesbacher Hochzeit vor dreißig, vierzig Jahren gedenke, wird die Verarmung deutlich; die Fahnenabordnungen sind halt doch schon ein bisserl Maskerade und die Münchner, die alle wie höhere Forstbeamte aussahen, sind auch nicht ernsthaft zu zählen.

Gleichwohl – ein Stück Altbayern ist da zu Grabe getragen worden, mit einem letzten Aufleuchten seiner echten geheimen Kräfte. Als ich mit der Post in das schon grundverdorbene Rottach zurückfuhr, sah ich die gewaltige Arbeit an der neuen Straße: breit und begradigt wird sie, als kürzeste Verbindung zum Achensee und ins Inntal, durch die grüne Welt des traum-stillen Kreuth gezogen, und eilige Kraftfahrer werden eine verlorene Idylle durchrasen, die dem Kiem-Pauli und uns allen noch eine letzte Zuflucht der Heimat war.

Ein Wort fällt mir noch ein, welches, ein paar Jahre früher, das im Künstlerhaus gefeierte Geburtstagskind zum Dank gesprochen hat: »Des is mir a Genugtuung, daß i mehr Leit zum Lacha als wie zum Woana bracht hab'!« – Ein bescheidner Wunsch, daß ich das auch von mir einmal sagen kann. Und noch eins: »Was g'sund ist an der neuen Zeit, dem wollen wir uns net verschließen – aber 's Herz derf's net kosten.«

Lang ist's schon wieder her, viele Jahre, seit dem Abschied vom Kiem-Pauli. Aber wer im Tal von Kreuth die alten Wege geht, denkt immer noch an den Mann, der wie kaum ein zweiter gezeigt hat, daß ein Bayer nicht grob sein muß, wie immer wieder etliche meinen, sondern daß er das Zarteste, das Anmutigste sein kann – ein fast durchsichtig klarer Mensch.

Eine spaßige Geschichte

Mein Vetter ist mit seiner jungen Frau bei uns zu Besuch und erzählt: »Vorigen Sommer, wir waren noch nicht verheiratet, sind wir mit noch zwei Freunden durch Österreich gefahren, ziemlich ins Blaue hinein, und unvermutet sind wir an dem Benediktinerstift Göttweig vorbeigekommen und haben's natürlich anschauen wollen.

Aber es war erst neun Uhr, und der Mesner hat gesagt, es wäre noch zu früh, wir sollten zuerst in den Stiftskeller gehen und ein Viertel trinken, um zehn Uhr wär' dann eine Hochzeit in der Kirche, da könnten wir auch gleich die weltberühmte Orgel hören, und hernach wäre wohl eine Führung durch das Kloster.

Eigentlich hätten wir so viel Zeit nicht dranwenden und auch in aller Herrgottsfrüh noch keinen Wein trinken wollen, aber wir haben's dann doch getan und sind bei ein paar Gläsern Wachauer recht lustig geworden.

Um zehn Uhr sind wir dann in die Kirche gegangen, haben uns in die schweren barocken Bänke gesetzt und auf die Hochzeit gewartet. Aber es schlägt Viertel, es geht auf Halb zu, und es rührt sich nichts. ›Geh einmal hinaus‹, rät mein Freund, ›und schau, was los ist!‹ Also, ich hinaus und –«

»Halt!« unterbricht ihn seine Frau, »jetzt mußt du *mich* weitererzählen lassen, der ganze Witz ist sonst beim Teufel!«

Aha, denk' ich, sie traut dem Vetter, ihrem Mann, nicht zu, daß er's trifft – aber schon hat sie ihn mit einer dreisten Handbewegung weggewischt und den Faden aufgenommen: »Wir sitzen also nach wie vor im Gestühl, und jetzt, endlich, geht hinter uns die große Tür auf, und die Orgel fängt zu brausen an. Wir drehen den Kopf gar nicht um, die Hochzeitsgesellschaft muß ja an uns vorbeiwandern, und richtig, da kommt die Braut, im weißen Kleid, mit dem Schleier, und ich traue meinen Augen nicht: Wer führt sie? Mein Mann – oder genauer, damals, mein Bräutigam; führt die fremde Braut zum Altar! Jetzt«, sagt sie zu ihm, »kannst *du* wieder weiterreden!«

»Also«, sagt der Mann, »ich bin zur Tür hinaus, geh' an die Säulen vor und schaue, wie es steht mit der Hochzeit. Und richtig, da kommt grad ein Mietwagen an unter der Treppe, und die Braut steigt aus mit zwei Männern, einem alten und einem jungen, der ist ein Riese mit fast zwei Metern und ganz gewiß der Bräutigam. Ich will schon wieder in die Kirche hinein, damit ich als Vorreiter den Meinigen melden kann, daß sie jetzt da sind – da hat sich auch noch der Schofför aus dem Wagen geschoben und ruft mich an: ›Sie, Herr Nachbar, sind S' so gut, könnten net Sie uns einen Gefallen erweisen und uns den Beiständer machen? Wissen S', beim Standesamt hab' ich ihn gemacht, aber in der Kirch' kann ich ja nicht, weil ich nicht katholisch bin!‹

›In dem G'wand?‹ frag' ich, ›wir sind ja bloß auf der Durchreise!‹ Aber da sagt der alte Mann, daß er der Vater von ihm ist, und deutet auf das Mordstrumm Mannsbild, der wie ein Holzstock da steht, und er tät' halt recht herzlich drum bitten; es wär' ihm schon recht damit gedient, wenn alles glattginge, und da war ich überrumpelt und war unverhofft Brautführer, ohne daß ich's meinen Leuten drin noch hätte sagen können.

So sind wir also bei Orgelklang in die Kirche eingezogen; schön ist die Braut nicht gewesen und so gar jung auch nicht mehr; ich war froh, daß ich bloß der Stellvertreter war. Der Geistliche hat vorm Altar noch an uns hingefragt, ob wir beichten möchten vorher, da ist mir der Schreck in die Glieder gefahren, und ich hab's schon bereut, daß ich mich auf so ein Abenteuer eingelassen habe: beichten, nach zwanzig Jahren, aus heiterm Himmel! Aber der Pater hat nur das Brautpaar gemeint; und sie hat ja gesagt und er nein, aber der Vater, der alte Mann, hat drohend den Finger hinaufgehoben zu dem Riesen und hat gesagt: ›Du beichtst!‹ Da hat's keinen Widerspruch gegeben. Aber wie der Geistliche in seiner Ansprache dann zum drittenmal versichert hat, daß das heute für Mann und Frau der glücklichste Tag des Lebens ist, da ist das Gesicht des Bräutigams immer länger geworden.

Nach der Zeremonie bin ich schnell zu den Meinigen und hab' ihnen die ganze Geschichte erzählt; und wenn wir nicht in der Kirche gewesen wären, hätten wir gewiß schallend gelacht. Es wäre jetzt höchste Zeit gewesen, weiterzufahren, auch ohne das Stift besichtigt zu haben; aber der alte Vater ließ nicht lokker, wir mußten alle zusammen noch einmal in den Stiftskeller mitkommen, ich war nun einmal der Brautführer und mußte es bis zum Ende bleiben, obwohl wir uns von einer Unterhaltung mit den einsilbigen Menschen nicht viel versprachen.

Immerhin habe ich im Laufe des Vormittags erfahren, daß der Bräutigam eine Woche vorher, unter den Augen des Bürgermeisters und seines Vaters, ausgerissen und erst mühsam wieder gebändigt worden sei. Der Vater war ein Holzhacker aus dem Waldviertel, und die fünfzigtausend Schilling, die die Braut aus dem Verkauf eines Wirtshauses bei Schärding mitbrachte, waren für ihn ein unermeßliches Vermögen. Der Sohn, mit dem ich mich unterhielt, dachte da nüchterner, aber gegen seinen harthölzernen Vater kam er nicht auf. Er war übrigens ein

Spengler von Beruf, und da ich selbst Architekt bin, haben wir, ohne uns um die Braut viel zu kümmern, bald das schönste Gespräch in Gang gebracht über Dachrinnen und Regenröhren, Entlüftungsschächte und Schwanenhälse.«

Ein Alptraum

Ich bin ein gewaltiger Träumer. Der selige Freud hätte die größte Freud' an mir gehabt, denn ich habe viele meiner Träume aufgeschrieben und hätte sie ihm kostenlos zur Verfügung gestellt. Jetzt machen teure Institute die umständlichsten Versuche, um eines mageren Träumleins habhaft zu werden, ehe es entwischt.

Ob Träume nur Schäume sind, wie das Sprichwort meint, weiß ich nicht. Allzuoft ist der Volksmund der Lüge überführt worden. Ich habe vielmehr Angst, daß es die unerfreulichen Welten, aus denen die Blasen aufsteigen, wirklich gibt, denn aus dem Nichts kann nichts kommen.

Mit den landläufigen Narreteien, die jeder Schlummerer kennt, will ich nicht langweilen. Wer wäre nicht schon ganz vergnügt durch die Straßen gegangen und hätte – wie Adam und Eva in Wirklichkeit oder wenigstens in der Bibel, mit Schrecken entdeckt, daß er nackt sei? Wer wäre nicht neben einem Bekannten eine Treppe hinaufgestiegen und hätte nicht plötzlich gemerkt, daß sie keine Stufen mehr habe, während der andere in freier Luft weiterging?

Eher ist schon berichtenswert, daß ich beim Ausbruch der Revolution in einem ebenso genauen wie verfremdeten Moskau war, daß ich lief, was ich laufen konnte, vor die Stadt, aufs freie, winterliche Feld, auf eine blitzblaue Münchner Straßenbahn zu, die dort stand und die ich grade noch, atemlos, vor meinen Verfolgern erreichte. – »Da hamm'S no Glück g'habt«, meinte der Schaffner gemütlich und läutete ab. Über Rußlands Leichenwüstenei fuhr ich, fast behaglich, denn meine Linie drei war's obendrein, die mich, den einzigen Fahrgast, nach Hause brachte.

Viele solcher Träume könnte ich erzählen, bunte und einfarbige, fast immer waren sie mit Reisen verknüpft, ganze Häuser, ja, Straßenzüge setzten sich in Bewegung; natürlich versäumte ich oft genug Züge oder stieg in falsche ein; Bahnhöfe von ungeheuern Ausmaßen verwirrten mich, bizarre Räume wechselten mit nüchternen Hallen – nie hatte ich dergleichen in Wirklichkeit gesehen. Süß träumte ich nie, höchstens daß ich in der finsteren Höhle eines Trödlers herrliche Blätter aufstöberte – aber dummerweise wache ich in dem Augenblick auf, wo ich sie fast schon besitze.

Höchste Zeit wird es, daß ich meinen ureigenen Traum erzähle, den immer wiederkehrenden, der freilich gar nicht verwunderlich ist, weil er, anders als die fantastischen Gebilde, aus meinem Leben leicht erklärt werden kann.

Also: ich soll in einer fremden Stadt aus meinen Werken vorlesen. Ich gehe aus meinem Hotel, die gewohnte Mappe mit den Texten unterm Arm. Zum Vortragssaal ist es nicht weit, der Weg ist mir genau beschrieben worden. Die Zeit ist knapp, ich beeile mich; aber schon habe ich mich heillos verirrt, über eine Brücke gehe, laufe ich, sie war nicht vorgesehen, so wenig wie die an sich herrliche Parklandschaft im Strahl der sinkenden Sonne. Ich kehre um, ich hetze in die andere Richtung. Die Uhren schlagen acht, mir bricht der Schweiß aus: jetzt sitzen meine Hörer auf ihren Plätzen und erwarten mich!

Ich will den Leser nicht länger ängstigen: mit leichter Verspätung, aber klopfendem Herzen finde ich – wie alles Geträumte völlig vertauscht – den Saal, den übervollen Saal, setze mich an mein Tischchen und entnehme – mir stockt der Atem: statt der vertrauten Texte grinsen mich alte Zeitungen an; wer mag den schlechten Scherz ausgeheckt haben?

Frei sprechen kann ich nicht; auswendig meine Gedichte aufsagen auch nicht. Mir gegenüber sitzt die erwartungsvolle Hörerschaft. Was tun? Ein Glück, daß, im Traum wohlgemerkt, Hilfe winkt! In der ersten Reihe sehe ich meinen Sohn Stefan, den ich gar nicht in dieser Stadt, geschweige denn in meinem Vortrag, vermute; ich winke ihn heran, erkläre ihm alles und bitte, eiligst in das Hotel zu laufen und die richtigen Papiere zu holen.

Derweil sitze ich stumm vor meinen nichts hörenden und nichts begreifenden Freunden, die sich immer mehr zu Feinden entwickeln: Murren, wie Raubtierknurren, dringt zu mir herauf, Gekicher, Gelächter, laute Zurufe: zuerst einzelne, dann ganze Stuhlreihen stehen auf, die Menschen verlassen den Raum.

Gottlob, da kommt mein Sohn mit den Texten. Ich greife hastig nach den Blättern, die mir die Welt bedeuten – aber mir sterben die Augen: es sind andere alte Zeitungen!

Eine Wohltat des Träumens: daß man aus ihm erwachen kann! Ich fahre aus dem Bett, ich schaue auf die Uhr, zwei Stunden habe ich noch Zeit, bis meine Lesung, die wirkliche, beginnt. Aber daß ich meine Mappe überprüfe, ob alles stimmt, wird der Leser wohl begreifen. Und daß ich sie nie, auch nach dem Vortrag nicht, aus der Hand gebe, wird jeder einsehen, der diesen Traumbericht vernommen hat.

Erfahrungen

Wenn ich unter meinen fahrenden Sänger-Genossen einen Todfeind hätte – ich habe aber keinen, ich gönne jedem einen vollen Saal mit lieben Hörern und reizenden Hörerinnen –, also gesetzt nur den Fall: ich könnte ihn mit geringem Aufwand so zur Verzweiflung bringen, daß er das Buch hinwürfe und die Flucht ergriffe. Ich müßte nur das, was jeder Vortragende im einzelnen schon erlebt hat, als geballte Ladung auf ihn loslassen: den Huster, den Schneuzer, die Papierraschlerin, den Nasenbohrer, den Auf-die-Uhr-Schauer; das wären noch die Harmlosen. Schlimmer ist schon der Greis, der zum drittenmal innerhalb von fünf lyrischen Gedichten seinen Krückstock fallen läßt; das harmlose Gemüt, das die Pointe erst begreift – und schallend lacht! –, wenn der Dichter längst kurz vor der nächsten ist, bei der es auf jedes Wort ankommt; der Mann, der angestrengt, die Hand am Ohr, lauscht; und der, der aus dem Hintergrund immer wieder »Bitte lauter!« ruft, obwohl der Redner mit letzter Kraft schreit wie ein Jochgeier.

Ich würde den Helden des Abends an einen zu hohen (und wackelnden!) Tisch setzen, obendrein auf einen zu niedern Stuhl, dergestalt, daß der Ärmste an die Decke spricht, statt zu den Hörern. Tisch und Stuhl müßten auf einem schmalen Antritt stehen, die Angst, bei der geringsten Bewegung herunterzukippen, dürfte während der ganzen Lesung nicht von dem Dichter weichen. Auf den Tisch würde ich einen wohlgemeinten, riesigen Blumenstrauß stellen, der mindestens der halben Zuhörerschaft den Anblick des verehrten Gastes verwehrt. (Erfahrene Meister räumen kurzerhand Blumen, Tischdecke und Wasserflasche weg und haben damit ihren ersten, oft besten Heiterkeitserfolg.)

Was übrigens das Wasser betrifft: am ärgsten ist ein möglichst kohlensäurehaltiger Sprudel, der beim ersten Schluck den so beliebten Frosch erzeugt. Bei dem Versuch, die schon seit geraumer Zeit eingeschaltete Pultlampe zurechtzurücken, verbrennt sich der Poet unweigerlich die Finger und eröffnet seinen Vortrag mit einem Schmerzensschrei. Was richtige Komiker mit Absicht tun: über einen Leitungsdraht stolpern, paßt nicht ohne weiteres für einen Mann, der mit einer ernsten Erzählung beginnen will.

Noch ein paar selbsterlebte Mißgeschicke darf ich anfügen, die ich, wie gesagt, meinen ärgsten Feinden nicht wünschen möchte: In Rheydt hatte ich während des Krieges in dem hübschen Theater gelesen; nun kam ich zum zweitenmal; alles schien unverändert, ich setzte mich auf mein Stühlchen, der Vorhang wurde aufgezogen – ich erschrak nicht schlecht: ein gähnender, finstrer Abgrund tat sich vor mir auf, zehn Meter mindestens trennten mich von der ersten, ungewiß heraufschimmernden Zuhörerreihe: in der Zwischenzeit war ein versenktes Orchester eingebaut worden. Nur der Fachmann wird begreifen, wie schwer es ist, über eine solche Kluft hinweg ein lyrisches Gedicht zu sprechen.

Von überheizten Räumen oder vom Eishauch aus der Hinterbühne zu reden lohnt sich kaum; aber die sogenannte Akustik wäre erwähnenswert. Beim ersten Satz merkt der Unselige, wenn sie nicht vorhanden ist. »Wir hätten Ihnen doch vorher sagen sollen, daß man in der Saalmitte kein Wort versteht!« Neugotische Rathaussäle mit zwei Meter dicken Säulen eignen sich trotz ihres Prunks nicht für Dichterlesungen. In Erkelenz steht ein prächtiges historisches Gebäude auf einer Straßeninsel, um die herum die Halbstarken der Stadt ihre abendlichen Motorradrunden drehen: auch nicht übel!

Während der ersten Nachkriegszeit waren die wenigen von Bomben verschonten Räume von sieben Uhr früh an überbeansprucht, Tag für Tag. Als Nasenzeuge kann ich beschwören, daß da ein abendliches Vorlesen eine übermenschliche Zumutung ist. Eine freudige Überraschung sind auch die durch die Wärme aufgeweckten Winterfliegen, riesige Brummer, die klatschend auf das Manuskript taumeln – die Leute im Saal können sich die Nervosität des Dichters gar nicht erklären.

Kriegsfilm-Wochenschauen, Blasmusik oder auch nur ein halbstündiges Bach-Vorspiel des ortsansässigen Pianisten sind keine geeigneten Einleitungen für eine Dichterlesung. Selbst bei einer wohlgemeinten Laudatio des allzutief schürfenden Oberstudiendirektors sitzt der Autor unbehaglich auf seinen Vorschußlorbeeren, bis er endlich auch was sagen darf.

Wenn ich jetzt, in den sechziger und siebziger Jahren, großartig in Fernschnellzügen und Kraftwagen reisend, in nagelneuen Werkshallen, hochmodernen Schulen, vornehmen Konzertsälen lese, fallen mir so manche Erlebnisse aus der Kriegs- und Nachkriegszeit ein, die als wohlabgelagerte Erinnerungen erträglich, ja, sogar heiter anmuten können, aber in der rohen Frische des Augenblicks doch recht bitter zu schlucken waren.

Damit genug für diesmal; wer eine Dichterreise tut oder gar ein paar hundert, der kann noch mehr erzählen als einer, der »nur so« in der Welt herumfährt.

Hamburg

Bei meinem ersten Aufenthalt in Hamburg, der bare zwei Monate dauerte, habe ich von der hochberühmten Stadt nichts gesehen als einen vergilbten, späterhin entlaubten Baum – wieso das möglich war, ist auf Anhieb nicht leicht zu erraten: ich kam, als Schwerverwundeter, von Flandern mit dem Lazarettzug im Spätherbst 1914 bei Nacht und Nebel an, wurde im Sankt-Georgs-Krankenhaus operiert und zu Weihnachten, wieder liegend und also ohne jede Aussicht auf Straßen, Alster oder auch nur Bahnhof, nach München überwiesen.

In den Jahren seither bin ich natürlich öfter als einmal in Hamburg gewesen, meist um von dort aus Schiffsreisen anzutreten oder auch nur, um die einzigartige Kunsthalle zu besuchen. Als fahrender Sänger oder, nüchterner gesagt, als vorlesender Dichter bin ich bloß zweimal nach Hamburg und weiter in den Norden gekommen – beide Male im Jahr 1947 –, und diese unvergeßlichen Reisen sind wohl eine kleine Schilderung wert. Für jeden, der damals nicht selbst gereist ist, sind das Märchen, aber keine freundlichen aus Tausendundeiner Nacht, sondern Schauermärchen von schlimmer Art.

Bei der ersten Fahrt stehen Hunderte von aufgeregten Reisenden in München tief in der Nacht auf dem Bahnsteig; der Zug fährt, nach zwei Stunden peinvollen Wartens, in die Halle, noch im Anrollen wird er gestürmt. Ein Stehplatz, zwischen Menschen eingemauert, ist schon ein Glücksfall. Ein Bein auf dem Boden, das andere auf dem Koffer, habe ich mich durchgequält

– todmüde soll ich am Abend vor überfülltem Saal strahlende Laune des Humoristen verbreiten. Kaum hat sich der Hörerschwarm verlaufen, das letzte Buch ist signiert, schleppen mich ein paar wohlmeinende Verehrer durch die Stadt, um noch ein Glas Bier mit mir zu trinken – aber nach endlosen Wanderungen, von einer verschlossenen Tür zur andern, geben sie es auf und überlassen mich, den erschöpften Dichter, um Mitternacht meinem Schicksal, das bei gesicherter Unterkunft immerhin noch gnädig ist.

Übler noch verlief die zweite Fahrt: Durch die bösen Erfahrungen gewitzt, nehme ich meine Frau und einen Freund mit auf die Bahn – jeder von uns dreien soll auf gut Glück einen Platz erobern, den günstigsten will ich dann besetzen. Ich selbst habe Pech, mein Angriff wird abgeschlagen; aber meine Frau hat, sogar in der Polsterklasse, einen Sitzplatz ergattert. Stockfinster ist es im Wagen – und plötzlich fährt eine Dame neben mir, wie von der sprichwörtlichen Tarantel gestochen, mit einem Schrei in die Höhe. Im ungewissen Licht eines Streichholzes sehen die Reisenden aber, daß es sich um keine Tarantel gehandelt hat, sondern um ganz gewöhnliche Wanzen – in Reih und Glied marschieren sie dutzendweise auf ihrem Kriegspfade dahin.

Dem Zweifel, ob ich, Wanzen hin oder her, bleiben soll, enthebt mich mein mit Stentorstimme nach mir rufender Freund: er hat, im letzten Wagen, einen Sitzplatz erobert, die Mitreisenden wollen ihn verteidigen – weil's ich bin: mitunter hat man doch einen Vorteil von seiner Beliebtheit.

Der Platz, nur durch das Fenster zu erkämpfen, ist ausgezeichnet, mein Gegenüber stellt sich, immer noch im Finstern und lang vor der Abfahrt, als Privatdozent aus Kiel vor: eine gesprächsfrohe, kurzweilige Reise winkt – Glück muß der Mensch haben. Der Zug fährt an, hält noch vor Augsburg auf freier Strecke: der letzte Wagen muß abgehängt werden, die Achsen haben sich heißgelaufen. Wir Unseligen werden gewissermaßen mit hydraulischer Kraft in die übervollen vorderen Wagen gepreßt, und, wieder stehend in einer Mauer von Menschen, mache ich die lange, lange Reise – auf die Schilderung von Einzelheiten darf ich wohl verzichten.

Mein erstes Vortragsziel ist diesmal nicht Hamburg selbst, kreuz und quer fahre ich, hungrig und unausgeschlafen in Schleswig-Holstein herum, sehe in Glücksburg die herrlichen Bäume um das Schloß als gefällte Riesen am Boden liegen, in

Kiel kieloben die halbgesunkenen Schiffe wie fantastische Meeresungeheuer im Hafen treiben.

Obendrein habe ich noch das persönliche Pech, daß ich mir unterwegs eine zwar ungefährliche, aber äußerst lästige Flechte geholt habe, ich kann mich nicht rasieren, die Haut löst sich in immer größeren nassen Schollen ab, und einem verwahrlosten Strolch ähnlicher als einem reisenden Dichter muß ich mich vor meine Hörerschaft setzen und meine Lesung mit einer Klage einleiten.

Endlich kam ich, schon ziemlich abgekämpft, in Hamburg an und wurde schlecht und recht in einem soeben erst wieder teileröffneten Hotel untergebracht. Mein Schlafgenosse legte nur seine Krawatte und sein falsches Gebiß ab, dafür schnarchte er nerventötend.

Die Vorlesung verlief glänzend – aber ich will ja nicht mich rühmen, sondern mein Leid klagen. Hamburg erwies sich als eine Mausefalle, aus der man nicht mehr herauskommt – von heute aus gesehen, unbegreiflich. Ich habe auch späterhin von Ahnungslosen viele gute Ratschläge bekommen, wie ich es hätte anstellen sollen. Früh war ich am Hauptbahnhof, denn am Abend sollte ich in Celle lesen.

Aber für die Schnellzüge waren die Bahnsteige gesperrt. Und daß, wie ich nachträglich erfuhr, just die gestrengen Polizisten bereit gewesen wären, den Erlaubnisschein gegen eine schlichte Reichsbanknote einzutauschen – das zu erwägen, war ich zu unschuldig.

Die Personenzüge jedoch kamen von Hamburg-Altona derart überfüllt an, daß ein Mitfahren aussichtslos war. Puffer und Wagendächer waren besetzt, mit Riemen und Stricken hatten sich die sogenannten »Fahrgäste« an jedem Griff, an jeder Stange angebunden – und Fußtritte teilten sie aus gegen jedermann, der auch noch mitwollte.

Nicht gerade niedergeschlagen im wahrsten Wortsinn, aber sehr bedrückt schleppte ich meinen Koffer ins Hotel zurück, um dort von demselben Portier, von dem ich mich vor zwei Stunden aufs freundlichste mit dem bekannten nicht leeren Händedruck verabschiedet hatte, um von demselben Mann, sage ich, mit barschen Worten zu hören, daß jeder Gast, der für die nächste Nacht noch einmal Anspruch auf ein Bett erhöbe, einen Ausweis der Freien und Hansestadt vorzeigen müsse, daß sein weiterer Aufenthalt aus wichtigsten Gründen genehmigt sei.

Ich ging also zu der mir bezeichneten Amtsstelle am Bahnhof – und beim Anblick der Ansteh-Riesenschlange fiel mir, ich sage es offen, das Herz in die Hosen. Niemals, in Stunden nicht, könnte ich zu dem Scheineverteiler vordringen – und wenn wirklich, wer weiß, ob nicht knapp vor mir der Schalter geschlossen würde.

Ich schlich also hoffnungslos die Reihe entlang, nach einer Lücke oder sonst einem Ausweg spähend. Aber, wie nicht anders zu erwarten war, ich sah mich nur einer geschlossenen, feindseligen Reihe von Wartenden gegenüber.

Und wieder muß ich mich selbst rühmen und das Glück, kein Unbekannter zu sein: der junge Mann, der die Scheine verteilte, war offenbar ein Verehrer meiner Dichtkunst, und vermutlich war er in meinem gestrigen Vortrag gewesen; denn er kannte mich sofort und erriet wohl auch gleich, warum ich da herumschlich. Er grüßte mich mit einem einverständigen Lächeln – aber wie könnte er mir, vor den hundertäugigen Argusblicken der wartenden Menge, den begehrten Schein zuspielen? Er raffte einen Stoß Papiere zusammen, als ob er dienstlich seine Tätigkeit für einen Augenblick unterbrechen müßte – und daß ich das gestempelte Papier dann unversehens fand, war nur noch ein wohlgelenkter Zufall.

Frohen Gemüts schlenderte ich davon, die herrliche Kunsthalle war mein Ziel, aber vorsichtshalber ging ich doch zuerst in mein Hotel, um mich für die Nacht anzumelden. Der Portier zog ein saueres Gesicht, denn es saßen und standen gewichtige Herren herum. Vertreter oder gar Generaldirektoren mit dicken Brieftaschen, die alle auf ein freies Bett lauerten, also auch insbesondere auf das meinige. Sie hätten gewiß gern einen gewaltigen Zuschlag bezahlt – Geld spielte ja damals für den, der es hatte, keine Rolle. Und da kam so ein windiger Schriftsteller daher und wies ein unanfechtbares Papierchen vor, das ihn berechtigte, noch einmal unter diesem Dach zu übernachten.

Um es kurz zu sagen: die nächsten Tage verliefen nicht anders, jeder Ausbruchsversuch war vergebens. Vom sichern Port läßt sich gemächlich raten – aber nur, wer jene Zeiten wirklich erlebt hat, kann mitreden; ich könnte lange Geschichten erzählen, was ich alles unternommen habe. Ich mußte also die Freundlichkeit des Ausweisverteilers und die wachsende Wut des Portiers ein zweites, ein drittes Mal in Kauf nehmen.

Am vierten Tag, ich war schon ganz verzweifelt, geschah ein Wunder. Unschlüssig trieb ich mich vor dem Bahnhof herum, als ein unsagbar klappriges Vehikel vor mir hielt, ein mit einer Blache überzogenes Mittelding zwischen einem Laster und einem Lieferwagen, voller frohgemuter Leute. Einer wahrhaft göttlichen Eingebung folgend und doch fast beiläufig fragte ich einen der Insassen, wohin die Reise gehe. »Nach Würzburg!« scholl es, schier jauchzend, vielstimmig aus dem Wagen. Es traf mich wie ein Blitz – und blitzschnell war ich denn auch entschlossen, das Glück beim Schopfe zu fassen.

Meinen letzten und höchsten Hort, eine Packung Zigaretten, hielt ich dem Fahrer unter die Nase, ob er mich mitnehme. Der Wagen sei ohnehin überlastet, wich er aus, aber wenn niemand was dagegen hätte ... Ein gutmütiger Mitfahrer kämpfte rasch den Widerspruch der sich Sträubenden nieder; aber in spätestens zehn Minuten, sagte der Fahrer, gehe es los. Ich war damals, ein jugendlicher Fünfziger, noch ein Schnelläufer. Ich stürzte in das nahe Hotel, ergriff den schon gepackten und hinterstellten Koffer, zahlte blindlings und raste zurück. Zu einem Stehplatz reichte es noch – und schon schaukelten wir los, in dem wackeligen Gefährt, das heute längst als polizeiwidrig aus dem Verkehr gezogen wäre. Aber es fuhr und fuhr, die Bewegung, einem fernen Ziele zu, ließ als ein Glücksgefühl ohnegleichen alles Ungemach vergessen. Wir kamen durch das heil gebliebene Celle – hier hätte ich vor drei Tagen lesen sollen! –, wir kamen durch schrecklich zerstörte Städte; aber wir kamen weiter, im strömenden Regen, im unablässigen Schütten.

Um es kurz zu machen: in Sontra hatte sich der Wagen wund gelaufen; es war ungewiß, ob er wieder geflickt werden könnte. Der Fahrer streikte, er erpreßte den doppelten Betrag von uns. An uns Hungrigen trugen die hessischen Bauernmädchen herrlich duftende Brote vorüber, wir standen schimpfend und verzweifelt im Straßengraben.

Endlich kam das erlösende Wort: Einsteigen! Es ging weiter! An der amerikanischen Besatzungsgrenze, mitten in der Nacht während eines Wolkenbruchs, mußten wir aussteigen, wurden wir unbarmherzig gefilzt, mußten im Freien die Koffer aufmachen und wegen der Prüfung der Papiere fast eine Stunde lang in der Nässe herumstehen.

Aber im Morgengrauen landeten wir auf dem Würzburger Bahnhof, und – welch ein schier unfaßbares Wunder! – auf dem Abstellgleis stand ein Zug, unser Zug! Ein wohlwollender Beamter ließ uns sogar einsteigen, drei Stunden vor der Abfahrt.

Noch bangten wir vor einem Zwischenfall – aber nein, der

Zug setzte sich in Bewegung, er rollte und rollte, bis wir, hungrig, naß, ausgefroren, aber doch glücklich die Frauentürme erblickten und unter der Hackerbrücke durchfuhren, für jeden Reisenden das sichere Gefühl, in München zu sein.

Sechzig Stunden, ich sag's noch einmal, damit's keiner überhört, sechzig Stunden waren wir unterwegs gewesen, unglaubwürdig heute, wo man die Strecke in zwei Stunden fliegt oder im großartigen TEE von Bahnhof zu Bahnhof rast, vom Herzen Hamburgs bis in die Großstadt mit Herz, von allen Ängsten frei, von jeder Bequemlichkeit umhütet.

Ins Anekdotische gewandelt, entschärft sich die Erinnerung, und gehabter Schmerzen gedenkt man gern. Aber als alter Mann bin ich doch froh, daß man jetzt angenehmer reist, und wer weiß, ob ich, als ein hoher Siebziger, heute eine so abenteuerliche Fahrt noch durchstünde.

Kohlen

Daß es gegen Ende des Krieges und noch Jahre später nicht nur nichts zu essen, sondern auch nichts zu heizen gab, kann der erinnerungssüchtige Greis inmitten der (scheinbar) ölgesicherten Nestwärme des Hauses noch so eindringlich vorbeten, Söhne und Enkel, die nie gefroren haben, können es sich einfach nicht vorstellen, daß erschöpfte und unterernährte Väter und Mütter zugewiesene Baumstämme bei grimmiger Kälte heimschleppten, daß sie zähe Wurzelstöcke mit letzter Kraft zerhackten und zersägten, daß sie verdächtige Gierblicke auf alte Möbel warfen, zweifelnd, welchen Schrank oder Tisch sie zuerst schlachten sollten, und daß sie keine Scham und Mühe mehr scheuten, meilenweit hinter einem Kohlenzug oder Torfwagen herzulaufen und die gefallenen Brocken aufzuklauben – kaum, daß sie noch vor der offenen Plünderung zurückschreckten.

Ein Märchen ist es für die Nachgeborenen, daß ihre Eltern unter Lebensgefahr (ich selbst wäre beinahe in einen unterirdischen Stadtbach eingebrochen!) die kümmerlichen Kohlenreste aus den Kellern der zerbombten Häuser schaufelten, mit den Händen aus dem Schutt gruben – genug, der Krieg ging zu Ende, die Befreier kamen und nahmen – zu den Glücklichen, die was geschenkt kriegten, Carepakete oder wenigstens Zigaretten, zählten wir nicht – alles in Beschlag, was uns noch geblieben war: die unzerstörte Wohnung in Grünwald und, zusammen mit Flüchtlingen aller Art, das kleine Haus in Gern, in der Fuststraße.

Keine langen Klagen – aber daß der Winter von 1945 auf 1946 unerträglich war, ohne ein Stäubchen Kohle, darf ich wohl vermelden. Freunde, mit besseren Beziehungen, als wir sie hatten, machten uns Hoffnung, Kohlen zu »organisieren«, ob, wann und wie, wußten sie auch noch nicht, denn schwarze, schwärzeste Kohlen waren es natürlich, die heimlich, am besten bei Nacht und Nebel angefahren und in den Keller geschafft werden mußten.

Wir trauten uns gar nicht mehr fortzugehen, einer sollte immer auf Wache daheim bleiben, falls wirklich ... Aber eines Tages, hellichten Tages, waren wir leichtsinnig genug, nur auf eine Stunde: genug, wir strebten nach Hause, wir bogen um die Ecke und erstarrten – just in dieser glücklich-unglücklichen Stunde war der Lastwagen vorgefahren, der Ami hatte keinen Hausbewohner vorgefunden und kurzerhand das kostbare Gut auf die Gehsteig geschüttet, selbst auf die Fahrbahn waren die Trümmer gekollert, ein mannshohes Gebirge stand vor uns. Glühende Kohlen, auf unser Haupt gesammelt, schien uns die so erwünschte, aber im Augenblick verwünschte Gabe.

Im Geiste – und gottlob noch nicht in Wirklichkeit – sahen wir schon die ganze Straße rebellisch werden; wie sollte auch nicht, wer selbst fror, vor Neid platzen, wenn er den gewaltigen Haufen sah, wie sollten wir die Nachbarn hindern, mit Korb und Kübel anzurücken, um an dem unverhofften Segen teilzunehmen, und wie vor allem sollten wir den Gehässigen entgehen, die uns unverzüglich anzeigen würden, Lärm schlagen im ganzen Viertel – und von dem Wunder bliebe uns nichts als Kosten und Schererei!

Unverzüglich machten wir, meine Frau und ich, uns an die Arbeit, um wenigstens einen Teil des kostbaren Schatzes zu retten. Wir schaufelten und schleppten, in Schweiß gebadet, mit immer krummer werdenden Rücken, immer lahmer werdenden Armen und Händen, aber der Berg schien nicht kleiner zu werden.

Da fiel mir ein Retter in der Not ein: ich schwang mich aufs Rad und fuhr zu dem getreuen Karl Spengler, der in der Nähe wohnte und glücklicherweise zu Hause war. Heute ist er ein Siebziger und ein hochgeschätzter Chronist Alt-Münchens; da-

mals war er ein bärenstarker Mann in den besten Jahren. So
kann ich etwas Erfreuliches aus unfrohen Zeiten melden: Wir
trugen das Kohlengebirge ab, sogar den verdächtigen Staub
schwemmten wir noch fort – und wenn ich's nicht hier soeben,
nach Jahr und Tag erzählt hätte – kein Mensch wüßte von dem
Glücksfall, der beinah keiner geworden wäre.

Bildnis eines Sammlers

Im dämmrigen Laden des Herrn Füchsle stoße ich eines Tags
auf einen Sammler, dem ich noch nie begegnet bin. Er ist klein
und muß einmal wohlbeleibt gewesen sein, aber jetzt wirft er
Falten wie ein alter Sack. Ein großer, runder Kahlkopf leuchtet
fahl wie ein Mond, auf der Glatze sitzt ein nie gelüftetes Käpp-
chen. Eine etwas verschabte Vornehmheit, eine lässige Welt-
sicherheit lassen auf das stille Behagen eines alten Sonderlings
schließen, aber die Augen, diese unruhigen, stechenden Augen
und die kralligen Hände mahnen zur Vorsicht: in dem alten
Fleisch steckt Feuer, böses, verzehrendes Feuer.

Was gräbt er, was sucht er? Lächerliche Kleinigkeiten, Aus-
schnitte aus Büchern, Heiligenbildchen, Siegel, Almanache –
ich sehe gleich, er ist kein Kunstfreund, sondern ein Raritäten-
schnüffler, ein Sach-Sammler. Ich pirsche mich mit ein paar
geschickten, unverdächtigen Worten an ihn heran. Seine Lei-
denschaft ist Gold und Edelsteine, Schmuck, Münzen, Ge-
schmeide; er hat kein Geld mehr, dergleichen zu erwerben.
Aber sammeln muß er, aus innerstem Trieb; und so trägt er alles
heim, was wenigstens diese Dinge darstellt, und wär's in der
bescheidensten Form. Werbebilder aus Zeitschriften, Anprei-
sungen der Goldschmiede, Münzbeschreibungen, Porträts von
Frauen oder Kirchenfürsten, auf denen Juwelen zu sehen sind –
mit einem Geierblick holte er sie aus den Stößen morscher
Papiers heraus. Und daheim, in seinen schlaflosen Nächten,
sitzt er mit Schere und Leimtopf und rüstet unendliche Mappen. Sicher ist seine Kenntnis ungeheuer, sein Fleiß stet und
ungehemmt; aus tausend Winzigkeiten formt er sich eine Welt.

Er lädt mich ein, ihn zu besuchen. Ich sage zu, höflich und
unbestimmt, am Nimmermannstage will ich kommen, wenn
der Weg mich in seine Gegend führt. Und ich lade auch ihn ein,
so unverbindlich wie möglich, und er sagt, daß es ihm eine Ehre

und ein Vergnügen sein werde, der weite Weg sei kein Hinderungsgrund, er habe einen Bekannten in der Nähe, den er ab und zu aufsuche.

Ich verlasse den Laden, es ist früher Abend, ich besorge noch dies und das, ich vergesse den wunderlichen Mann, wer weiß, ob und wann ich ihn wiedersehe.

Ich sehe ihn denselben Abend noch, in der Dunkelheit; vor der Tür meines Gartens erwartet er mich; er murmelt etwas von einem Zufall, der ihn zu so später Stunde noch geradezu an meiner Straße vorbeigetrieben hat, und er bittet mich flehentlich, ja beinahe drohend, ihn doch wenigstens einen ersten Blick in eine meiner Mappen, und wär's auch nur die geringste, tun zu lassen.

Halb verärgert über die Zudringlichkeit, halb belustigt über einen solchen Ausbund von Sammelleidenschaft, lasse ich ihn eintreten. Wohl oder übel muß ihn meine Frau, die mich mit dem Söhnlein erwartet, zu unserem mehr als bescheidenen Abendessen einladen, aber er lehnt ab, hinter einer altfränkisch umständlichen Höflichkeit nahezu eine ungeduldige Grobheit verbergend. Und wieder sind es seine stechenden Augen, die mir Unbehagen machen. Was für eine Art Mensch, denke ich, schaut denn so? Und ich erinnere mich unwillkürlich an einen Pfandleiher, einen dunklen Ehrenmann, einen Halsabschneider, an jene Sorte von Männern, die Bonhomie vortäuschen wollen und denen dann doch unbeherrscht die eiskalte Grausamkeit, die verruchte Gier im gräßlichen Strahl aus dem Auge schießt.

Inzwischen sucht sich der Besucher mit Onkelscherzen bei unserem Dreijährigen beliebt zu machen, mit einer tätschelnden, schmatzenden Altmännerzärtlichkeit, die wir so hassen, daß ihm meine Frau mit deutlicher Unhöflichkeit das Kind entreißt, das er wie der Froschkönig aus dem Märchen umlüstert. Der wunderliche Gast zieht eine Uhr aus der Tasche, eine kostbare, schwere alte Golduhr mit klingendem Schlag und fantastischen Spielereien, ein Zauberding, wie gemacht, um einen Buben zu fangen. Aber meine Frau sagt kalt, er müsse uns für eine Viertelstunde entschuldigen, das Essen sei gerichtet, und für das Kind sei es hohe Zeit, daß es ins Bett komme.

Einen Sammler unbeaufsichtigt vor kostbare Mappen zu setzen ist immer gewagt, aber ich mußte ja doch wohl den unverhofften Liebhaber entsprechend beschäftigen. So gab ich ihm einen Kasten mit allerlei Kram, zur Einleitung, wie ich scherzend sagte, und sah ihn noch, zu Tisch gerufen, flink wie mit Maulwurfspfoten in das Papier wühlen.

Wir waren schnell fertig mit unseren Kartoffeln, der Bub lag im Bett, wir gesellten uns zu unserem Sammler, der sorgfältig und ohne daß ihm die geringste Kleinigkeit entgangen wäre, die Blätter auf die Seite gelegt hatte, die für ihn von Bedeutung waren. Er wandte sich jedoch sofort von diesen Dingen ab, um uns auf eine artige Weise eine Zaubervorstellung zu geben. Noch einmal zog er die Uhr, um ihre sämtlichen Kunststückchen vorzuführen, er bat, seinen Spazierstock holen zu dürfen, er blies uns aus dem entschraubten Rohr ein Menuett vor, er entnahm dem silbernen Knopf des Griffes ein winziges Schachspiel, um uns gleich darauf mit Gift und Dolch zu bedrohen, die ebenfalls in dem Stock verborgen gewesen waren. Nun wies er uns seine Ringe, die er am Finger trug; der eine bestand aus einer griechischen Goldmünze von erlesener Schönheit, der andere aus einem geschnittenen Stein, der noch um ein Vielfaches mehr wert sein mochte; ein dritter umschloß einen Diamanten von stärkstem Feuer, ein vierter stammte aus einem Pharaonengrab. Noch bestaunten wir die kostbaren Gebilde, als er schon die Nadel von seiner Krawatte nestelte und die barocke halbe Perle aufschraubte, hinter der, aufs winzigste gemalt, eine Miniatur in frischen Farben zu sehen war. Und während er den Deckel wieder schloß, überließ er uns, flüchtig in die Rocktasche greifend, ein in getriebenes Silber gebundenes Kalenderchen, das die Zeichen des Tierkreises und die Monatssteine beschrieb. Die Aufmerksamkeit meiner Frau für das kleine Wunderding nutzend, bot er mir aus einer Dose eine Zigarette an, um mir im Augenblick, da ich zugreifen wollte, mit Hilfe eines geheimen Sprungdeckels ein Bild von kaum überbietbarer Schamlosigkeit vor die Augen zu gaukeln. Ich sah ihn verwirrt an, und aus seinen Blicken schoß ein wilder Strahl; der Mann war mir jetzt wahrhaftig unheimlich. Die ganze Vorführung, sosehr er bemüht war, ihr durch munteres Plaudern den Anstrich der Zufälligkeit zu geben, hatte etwas vom starren und oft geprobten Ablauf einer Mechanik, die einen immer verdrießt.

Er war jedoch mit seinen Darbietungen noch keineswegs zu Ende. Mit Daumen und Zeigefinger in der Westentasche grabend, förderte er einen Fruchtkern zutage, in den das Leiden Christi geschnitten war; aus seinem Geldbeutel holte er ein

Papierchen, in das er eine napoleonische Schaumünze von der Kleinheit eines Maßliebchens gewickelt hatte; und meine Frau überraschte er mit einem zierlichen Nähbesteck in einem halbfingerlangen emaillierten Büchslein, während er gleichzeitig mich ein paar Pergamentblättchen von letzter Feinheit sehen ließ, die er seiner Brieftasche entnahm. Es waren Vorzeichnungen eines unbekannten, aber wohl bedeutenden Goldschmieds zu kostbaren Rokokoanhängern.

»Omnia tua tecum portas!« sagte ich lachend; und ich würde mich nicht wundern, sagte ich, wenn er jetzt auch noch den Stiefelabsatz abschraubte und irgendein unglaubwürdiges Sächelchen daraus hervorzöge.

Das tat er nun nicht; mit einem gequetschten Lächeln meinte er, für hier und heute sei seine Vorstellung zu Ende, bei sich zu Hause freilich könne er noch mit ganz anderen Überraschungen aufwarten. Und er wiederholte, dringender, als in Herrn Füchsles Geschäft, die Einladung, ihn zu besuchen. Gegen meine Frau machte er dabei sogar einen artigen, altmodischen Kratzfuß, zu dem allerdings das faunische Gesicht, das er zog, übel genug paßte; ich werde den Teufel tun, dachte ich, meine Frau in seine Zauberhöhle führen.

Nun freilich zeigte sich, daß er nicht nur zum Sehen gekommen war, obwohl ich ihn bloß zum Schauen bestellt hatte. Mit einer List und Hartnäckigkeit, wie sie höchstens Balzac in seinem ›Vetter Pons‹ geschildert hat, begann er um ein paar Blättchen zu feilschen, bald mit Dreistigkeit versuchend, sie mir durch einen Handstreich zu entreißen, bald mit Betteln mein Sammlerherz zu rühren; und selbst seine gut gespielte Unterwürfigkeit hatte einen Anflug von Drohung, als stünden ihm geheime Mächte zu Gebot, seinen Willen durchzusetzen. Mit einer unglaubwürdigen Großartigkeit machte er mir Vorschläge, mich reichlich zu entschädigen.

Ich aber wollte, zur Vorsicht gemahnt, jetzt erst recht nicht nachgeben, obgleich mir an dem, was er so glühend begehrte, eigentlich nicht allzuviel gelegen war. Ja, daß ich's nur gestehe, angesichts der wahnwitzigen Begierde des alten Mannes war mir die eigene Sammellust verleidet, ich schämte mich des Triebes, aus Staub und Moder Dinge zu graben und in meine noch lebendige Welt heimzutragen, um die der kalte Schauder des Todes geisterte. Wer schon alles hatte diesen Kram besessen und wieder lassen müssen! Ziemlich frostig verabschiedeten wir uns, fast war es ein Hinauswurf des Zudringlichen.

Ich habe den Sonderling nicht mehr gesehen. Denn als ich, Wochen später, mit neuer Entdeckerlust zu Herrn Füchsle ging, erzählte mir der auf meine beiläufige Frage, der Mann sei gestorben, auf einem nächtlichen Heimweg tot umgefallen; mehr wisse er leider auch nicht. Und gedankenvoll fügte er hinzu, er habe es zu spät erfahren; bedeutende Schätze müsse der Hamster in seinen Bau getragen haben.

Wollte ich eine richtige Erzählung schreiben oder vielmehr geschrieben haben, weit über die Wahrheit hinaus müßte ich eine geheimnisvolle, eine gruselige Geschichte erfinden. Aber das mag ich nicht. Er ist einfach gestorben, alt genug war er; gestorben, wie wir alle sterben müssen, fort für immer aus unseren Sammlungen, toten Auges und kalter Hände. Aber so viele alte und junge Menschen auch zu mir (dem noch Lebendigen) kommen, meine Blätter zu besichtigen oder sich Rat zu holen: einen so merkwürdigen Gast wie diesen habe ich nie mehr gehabt.

Heiterer Ausklang

Ein mir befreundeter Baron erzählte, wie er einmal im Schlafwagen des Shanghai-Expresses schon sein unteres Bett bezogen hatte und im ersten Schlummer lag, als der Inhaber des oberen Bettes hereinkam und sich im besten Englisch für die Störung entschuldigte. Der Baron, auch er der fremden Sprache durchaus mächtig, erwiderte höflich, das sei der Rede nicht wert und er wünsche eine gute Nacht.

Der Unbekannte bestieg das Leiterchen, der Baron war just wieder am Einnicken, als ihn jäh ein mühsam unterdrückter Schrei weckte: »Ah Bluatsau!« Der Schlafgenosse mußte sich gezwickt haben. Der so unerwartete Durchbruch der gemeinsamen Muttersprache bewirkte, daß beide Herren noch lange nicht schliefen, sondern sich ausgiebig über das Phänomen des Zufalls unterhielten.

Anläßlich einer Autogrammstunde in den sechziger Jahren traf ich auch mit Kasimir Edschmid zusammen, einem der berühmtesten Väter des Expressionismus aus verschollenen Zeiten. Als ich ihn, der seither die besten Bücher über Italien und die ganze Welt geschrieben hatte, auf seine frühen Novellen, etwa ›Die sechs Mündungen‹, ansprach, wehrte er erschrocken ab: es wäre ihm arg, wenn seine heutigen Leser erführen, daß er der Bürgerschreck von gestern gewesen sei.

Ein gemeinsamer Bekannter kam des Wegs, sah mich eifrig mit Namen-Schreiben beschäftigt, während Edschmid gerade ziemlich unbelästigt an seinem Tischchen saß. »Ja«, sagte der Gast, »so ist es: die einen signieren, die anderen resignieren!«

Unter Brüdern

Geschichten von meinen Söhnen

Auch ohne die Beteuerungen der Klassiker seit Euripides wissen wir, meine Frau und ich, daß »allen Menschen ihre Kinder ihr Leben« sind. Ich könnte es auch griechisch schreiben, aber ich will dem Setzer nicht lästig fallen. Von allen Seiten werden wir darauf aufmerksam gemacht, daß Kinder das höchste Glück der Erde sind. Wir glauben, lieben und hoffen es; manchmal freilich halten wir's mit dem Dichter, der da sagt, das Glück, wenn's wirklich kommt, ertragen, wär' keines Menschen, wäre Gottes Sache.

Besonders schwer erträglich wird dieses Glück, sobald es zusätzlich belastet wird. Eine einzige Halsentzündung zum Beispiel steigert die Elternliebe zu hohen Fiebergraden, und unter den Hustenstößen des armen Kindes fallen die Erziehungserfolge eines halben Jahres in Trümmer wie Jerichos Mauern unter den Posaunen.

Es sei dahingestellt, ob Thomas oder Stefan besonders aufgeweckte Kinder sind. Wir jedenfalls sind aufgeweckte Eltern – Nacht für Nacht. Vor elf Uhr trauen wir uns ohnehin nicht ins Bett, wir sitzen unten und spielen Schach. »Schreit er?!« – »Ich höre nichts!« – »Doch!« Wir stürzen hinauf wie die Feuerwehr. Manchmal kommen wir grade zurecht – noch ist er nur von Tränen überströmt! Aber oft genug flüstert er uns schlaftrunken zu, es sei schon zu spät.

Gottlob, er schlummert; auch wir können ins Bett gehen; die Mutter nebenan, sie ist rechtschaffen müde, schon ist sie weg. Ich, der Vater wohne unterm Dach. Ich horche, halb an der Matratze, halb an der Tür. Stille. Ich denke einen langen Schlaf zu tun, denn dieser letzten Tage Qual war groß.

Dünnes Kindergeschrei sägt an den Nerven. Ich laufe die Treppe hinunter, davon erwacht die Mutter; sie bittet, sich nicht weiter zu bemühen, sie sei schon da! Gleichwohl bemüht sich der Vater, erstens wieder hinauf, zweitens, wieder einzuschlafen.

Das nächstemal kommt er der Mutter zuvor, dann wieder ist sie die erste, so wechseln sie ab; meist stehen sie vereint am Bett ihres Lieblings: »Was ist los?!«

Der Leser kann sich herausklauben, was gerade los ist: »Ich finde mein Taschentuch nicht!« Natürlich, das ist keine Heimsuchung, aber eine Haussuchung beginnt, nach dem Taschentuch, dem Bumbum, nach dem Mann. Der Mann, auch Fieber-

mann genannt, ist ein Scheusal aus einem alten Fahrrad-
schlauch, auf einem vorwirtschaftswunderlichen Jahrmarkt erworben. Ohne Mann ist an ein Wieder-Einschlafen gar nicht zu
denken.

»Was ist denn schon wieder los?!« Diesmal hat der Affe
Durst oder der Bär Lungenentzündung – und die Eltern, über-
glücklich, daß nur der Bär ernstlich krank ist, tun ihr möglich-
stes mit Halswickel und gutem Zuspruch.

Bald darauf, schon graut der Morgen, ist das herzige Bübchen
nur schwer von seiner hartnäckigen Behauptung abzubringen,
ein rotes Hunderl sei unterm Bett; und noch vor Sonnenauf-
gang muß das wilde Weinen gestillt werden, von einem Traum
hervorgerufen, ein schwarzer Rabe hätte ihn gefressen.

Wenn gar nichts mehr verfangen will, greift die Bestie zu
ihren natürlichen Waffen: »Ich muß Teu!« ertönt es angstvoll;
es ist blinder Alarm, die Eltern wissen's im voraus; aber *einmal*
mißhört, kann – nehmen wir das vieldeutige Wort: Die Erpres-
sung – die schrecklichsten Folgen haben.

Inzwischen ist es auch heller Tag geworden.

Der Retter

Thomas stellt zur rechten Zeit sein Licht nicht untern Scheffel;
er weist uns seinen Nutzeffekt nach und ist in gehobenen Au-
genblicken der Meinung, daß er seine Betriebsunkosten leicht
hereinbringe.

Und wahrhaftig, er ist wichtig im Hause, ja unersetzlich. Eine
Sicherung etwa ist durchgeschlagen, die kundige Mutter ist
nicht zu Hause und der hilflose Vater würde lang im Dunkeln
sitzen, wenn Thomas nicht wäre, der gelernte »Lekmitechni-
ker«, der in den Keller schlüpft und die gestörte Verbindung
wiederherstellt.

Sogar im eigensten Bereich des schriftstellernden Vaters hat
Thomas Ruhm geerntet: er hat einen Druckfehler entdeckt!
Von den zwei Korrekturbögen habe ich den einen durchgese-
hen und in Ordnung befunden, den anderen der Lesewut meines Sohnes geopfert. Mit zäher Hartnäckigkeit stopselt er an
dem Text herum, aber plötzlich schreit er laut auf und stürzt auf
mich los, umtanzt mich und schwingt die Fahne: »Ein Fehler,
ein Fehler!« Er hat die Stelle im Eifer wieder verloren, aber nun

suchen wir gemeinsam, Kopf neben Kopf und Finger an Finger. Und tatsächlich, da steht ein völlig sinnloses »ist«, wo ein »nicht« stehen müßte. Thomas hat's gefunden. Und lang noch, Wochen lang, versteht er's meisterhaft, den Stein, den er da im Brett hat, zu seinen Gunsten immer wieder in den Vordergrund zu schieben: »Wer hat den Druckfehler entdeckt?« trumpft er auf, wenn es gilt, die Gnadensonne durch das Gewölk des Mißvergnügens leuchten zu lassen – einem Buben, der so unschätzbare Verdienste um die deutsche Literatur hat, kann doch ein dichtender Vater nicht böse sein!

Und doch sind das alles nur Kleinigkeiten, gemessen an einem wahren Heldenstück! Im Sommer fuhren wir – meine Frau am Steuer – mit unserem Philipp zu meiner Schwester in der Gegend von Traunstein. Der Hof liegt hoch, die Anfahrt ist steil, die Einfahrt eng. Zu allem Unglück hatte der Schwager das Wegstück zwischen Stall (lies: Garage) und Tenne fußhoch beschottert, die Planierungsarbeiten waren für den nächsten Tag festgesetzt; und sein eigener Wagen im Stall versperrte die Möglichkeit, umzudrehen – mit einem Wort, der Wagen war zwischen der Hauswand und einer fast meterhohen Erdböschung in einer Falle.

Das merkten wir freilich erst gegen Abend, als wir wieder heimfahren wollten. Glatt zurückzustoßen schien ebenso aussichtslos, wie zu wenden. Meine Frau setzte sich in den Wagen, der Schwager winkte ein, ich hielt mich in gebührender Entfernung, da ich trotz Führerschein nicht fahren kann.

Nur Thomas, vor Neugierde bibbernd, tanzt um den Wagen herum, vorn und hinten, damit ihm ja nichts auskommt. »Zurück! Einschlagen! Vorwärts!« ertönen die Kommandos. Die Räder mahlen im Schotter. »Halt! die Hauswand! – Vorsicht, die Böschung!« Die erste, die zweite Runde ist nach Punkten verloren. Der Schwager wird unlustig, meine Frau nervös. »Noch einmal zurück!« Philipp stößt mit dem Hinterteil an die Erdböschung – aber beinah wäre die Wendung geglückt. »Stark einschlagen und vor!« Was ist? Der Motor spuckt, seufzt, stirbt. Alle Versuche, ihn wieder anzulassen, sind vergeblich.

Thomas hüpft wie ein Irrer herum, ruft was und macht Zeichen. Aber niemand versteht ihn. »Jag doch zuerst einmal den Lausbuben fort!« grollt der erschöpfte Schwager. Meine Frau, hochrot und schwitzend, vermutlich dem Weinen nahe, brüllt aus dem Wagenfenster, daß er endlich verschwinden solle! In einer solchen Lage nicht folgen, ist kühn; aber gar, wie es jetzt

Thomas tut, noch näher hingehen, ganz nah – das ist Löwenmut. Er will was sagen, er wird niedergeschrien. Aber er läßt nicht locker, und endlich gelingt es ihm. »Auspuff!« ruft er mit letzter Stimmkraft und deutet; läuft, deutet, bellt und winselt, wie jener berühmte treue Hund, den sein Herr für toll gehalten und niedergeschossen hat – zu spät merkte er, daß das gute Tier ihm den Verlust seiner Geldkatze hatte anzeigen wollen.

So schlimm geht's, gottlob!, diesmal nicht hinaus – Thomas hat sich unerschrocken gegen alle Androhungen von Ohrfeigen durchgesetzt. Meine Frau, immer noch mißtrauisch und wütend, steigt aus, auch der Schwager begibt sich zum Hinterteil des Philipp, zuletzt wage sogar ich schüchtern, mich zu nähern: da sehen wir, daß der Auspuff, beim Zurückstoßen, aus der Böschung ein schönes Stück Lehm gestanzt hat, das jetzt die Röhre genau und gründlich verstopft.

Der Pfropfen wird herausgestochert, der Wagen springt an, die Wendung gelingt, wir fahren ab. Thomas sitzt still im Hintergrund, überwältigt von seinem Triumphe. Als Lausbub verkannt, als Entdecker beschimpft, ist er, er allein der Held und Erretter!

Fleisch

In Metzgerläden gehe ich ungern. Der Stefan aber versäumt keine Gelegenheit, seine Mutter dorthin zu begleiten, denn es fällt immer für ihn was ab, eine Dünngeselchte, ein Stückel Milzwurst oder Leberkäs, ein Zipfel Dauerwurst. Er ist ein großer Freund guten Essens, seine nachweisbar ersten Worte waren: »Mammi, bitte, Käs!« und ehe er »Nitzl« sagen konnte, verzehrte er mit bestürzendem Appetit das größte, das auf den Tisch kam, vor Behagen das Bäuchlein streichelnd.

Neulich war er wieder einmal bei seinem Freunde, dem Metzgermeister Hasch. Da hing, frisch geschlachtet, ein halbes Schwein am Haken – und während ich bei solchem Anblick immer schwanke, ob ich nicht doch für den Rest meines Lebens ein Vegetarier werden sollte, ergötzt ihn, in barer Fleischeslust, diese Fülle des Eßbaren ungemein; und besonders das Ringelschwänzchen hat es ihm angetan. Der Metzger, von der kindlichen – oder eigentlich unkindlichen – Bitte gerührt, schneidet's ihm ab und wickelt's ihm ein – er soll sich's daheim braten lassen.

Stefan stürzt in mein Zimmer, das nackte Schweineschwänzchen in der Faust schwingend, und jubelt: »Schau her, was ich geschenkt gekriegt hab!« Ich bin doch einigermaßen betroffen über so viel Herzlosigkeit und will dem kleinen Barbaren ins Gewissen reden: »Aber, Stefan, tut dir denn das arme Schwein gar nicht leid?«

Er schaut mich an, fassungslos vor so viel Einfalt, und sagt mit seiner hellsten Stimme, aufklärend und begütigend, zärtlich und schmelzend: »Aber Papi, du bist ja dumm! Das Schwein war doch schon tot! Es hätte mit dem Schwänzchen nichts mehr anfangen können!«

Ich muß dran denken, wie so völlig anders der Thomas in dem Alter war. Der Leser soll nun nicht glauben, wir wären eine ganz wilde Fleischfresserfamilie – im Gegenteil, wir sind sanft von Spaghetti, Obst und Käse. Aber gelegentlich kommt doch ein saftiges Stück Braten auf den Tisch, und gegenwärtig ist gerade der Thomas ein junger Löwe, der sich mit »Schmack, Schmack!« auf seine Beute stürzt. Dem war aber nicht immer so. »Von was für einem Tier ist das Fleisch?« fragte er, fünfjährig, mit wehmütigem Augenaufschlag. »Von einem Kalb!« war die sachliche, aber doch bereits von ahnungsvoller Unruhe durchzitterte Antwort der Mutter. Dem Thomas rollte die erste Träne über die Wange: »Das Kälbchen hätte auch gern länger gelebt!« jammerte er in den höchsten Tönen und schob den Teller fort. »Du mußt es nicht essen!« sagte ich milde und begann einen längeren Vortrag darüber, daß unsere Kultur, auf Ackerbau und Viehzucht begründet, des Fleischgenusses im ganzen nicht wohl entraten könne. Sogar unsern Herrn Jesus flocht ich ein, der Petrum und Johannem ausgesandt habe, das Osterlamm zu bereiten, auf daß man's esse. Aber Thomas war nicht so leicht davon zu überzeugen, daß, was Gott tut, wohlgetan sei, und er kehrte, nun schon in kugelnden Tränen, hartnäckig zu der Klage zurück, daß das Kälbchen gern länger gelebt hätte. Die Mammi, als Köchin gekränkt, meinte zornig, sie werde uns nächstens eine alte Kuh vorsetzen; denn das würde aus dem Kälbchen, wenn man's länger leben ließe. Aber der Appetit war uns allen vergangen, Schlachthausgeruch zog gespenstisch herbei, und wir hielten uns mehr ans Gemüs und die Kartoffeln. Das Fleisch reichte damit unerwartet zu einer zweiten Mahlzeit, und wir atmeten erleichtert auf, als diesmal der Thomas, ohne die verhängnisvolle Frage zu stellen, sein Stück mit herzlichem Vergnügen verspeiste.

Mundart und Hochsprache

Ein bayerischer Prinz soll einmal auf die Frage, woher denn seine Kinder ihr waschechtes Münchnerisch hätten, geantwortet haben: »I woass' aa net, wahrscheinli' vo' de Deanstbot'n!«

Von unsern Hausangestellten, die zeitgemäß aus Schlesien oder Sachsen stammen, können die Buben die Mundart nicht lernen, auch von der Mammi nicht, die, obgleich gebürtige Münchnerin, eine nur mäßig süddeutsch gefärbte Schriftsprache von sich gibt.

Ich selber bin zwar so was wie ein deutscher Dichter – wenigstens hat's der Thomas, in der Schule nach dem Beruf des Vaters gefragt, schlankweg behauptet –, aber im täglichen Leben lasse ich das Altbayerische überall durchklingen, ja, sogar, wenn ich im deutschen Norden als fahrender Sänger meine Gedichte und Geschichten vorlese, merken und vermerken meine Hörer, woher ich komme.

Meine Buben reden nicht Münchnerisch, und auch die Hoffnung, daß sie's in der Schule lernen, unter so vielen einheimischen Kameraden, hat sich nicht erfüllt. Wenn sie, aus Spaß, ihre Versuche machen, klingt es nicht anders, als die hilflosen Bemühungen jener »Preußen«, die in unglücklicher Liebe zum Hofbräuhaus entbrannt sind und von den berühmten 999 Worten Bayrisch wenigstens das erste halbe Dutzend fehlerfrei zu beherrschen wähnen.

Hingegen ist eine Hochflut von Büchern über die beiden Knaben hereingebrochen, und sie reden so geschwollen, einer nach dem andern, daß der schriftstellernde Vater, der solche Worte nie in die Feder nähme, geschweige denn in den Mund, baß darüber erstaunt. Die Lesefrüchte seiner Söhne prasseln sozusagen nur so auf ihn herunter.

»Das kommt mir wie gerufen!« sagt Thomas, frei nach den Brüdern Grimm, und »Du würdest mich zuhöchst verpflichten . . .« plappert er, wo unsereins sich mit einem »Bitte!« begnügen würde.

Stefan, vier Jahre später, treibt es noch schlimmer: »Weißt

du, was mich jüngst so ungemein verdrossen hat?« fragt er – und dem Vater grauset's – er will's gar nicht wissen. Beim Essen aber, an seinem Fleisch herumstochernd, flötet er die Mammi an: »Würdest du gestatten, daß ich diese Sehne außer acht lasse?« Ich muß es erst in schlichtes Deutsch übersetzen: »Du willst also die Flachse nicht essen, du heikler Bursche, du heikler?!« – »So kann man es auch ausdrücken!« sagt er mit vollendeter Höflichkeit.

Und am Abend – es ist Dreikönigstag, die Kerzen am Christbaum werden feierlich zum letztenmal angezündet – meldet er sich dringend ab mit den Worten: »Verzeih, wenn ich in diesem heiligen Augenblick den Raum verlasse – aber es muß sein!«

Schlecht könnte einem werden, wenn man nicht wüßte, wie rasch die Kinder des Stelzenlaufens überdrüssig werden.

Spaziergänge mit Hindernissen

Weder Ernst Moritz Arndts Wanderungen und Wandelungen mit dem Reichsfreiherrn vom Stein noch Gottfried Seumes Spaziergang nach Syrakus können mir Eindruck machen. Mit einem vernünftigen Menschen oder, noch besser, allein sich auf den Weg zu begeben, ist keine Kunst. Aber den kleinen Stefan spazieren zu führen, das will bestanden sein.

Mit dem Thomas, in der ganz schlimmen Nachkriegszeit, war es einfacher. Ich setzte ihn in ein winziges Wägelchen und zog ihn den weiten Weg zur Hirschbergschule, um die Lebensmittelkarten zu holen; denn damals war jeder Ausflug zweckgebunden; daß man wieder einmal zum bloßen Vergnügen spazierengehen würde, schien unwahrscheinliche Erinnerung und Zukunftsmusik zugleich. Wenn wir gar von einer freundlichen Gemüsefrau ein paar gelbe Rüben oder Lauchstangen mit heimbrachten, wurden wir begrüßt wie zurückgekehrte Forschungsreisende.

Mit dem Stefan, vier Jahre später, gehe ich auf weniger nutzbringende Entdeckungsfahrten, in die nahegelegenen und doch völlig unbekannten Wohnviertel, in stille Straßen, die jetzt freilich laut werden von den unablässigen, schrillen Fragen seiner Wißbegier. Von jedem Haus will er erfahren, wer da wohnt, von jedem Hund, wo er daheim ist, und von jedem Auto, wohin es fährt. An jeder Glocke möchte er läuten, an jedem Zaun klappern, in jede Pfütze treten und jeden Sandhaufen besteigen. Allein die körperliche Leistung, ihn zurückzuhalten, weiterzuzerren, von Mauern wieder herunterzupflücken, geht an die Grenzen meiner Kraft.

Aber noch weit anstrengender ist der ambulante Unterricht, den ich ihm auf Schritt und Tritt erteilen muß. Er lernt nämlich grade lesen! Seit Wochen geht durchs ganze Haus ein wunderlicher Lärm, wie die selige Puffing-Billy rumpelt und zischt der Stefan dahin und stößt fauchend seine P, F, K, Z wie Rauchwolken in die Luft. »A-P-F-E-L: Apfel!« Welch eine Offenbarung! Und wuchtige Sätze schallen durch die Wohnung: »Die Maus ist im Haus. Wupp! Mieze im Haus! Miau! Sau-se, Ni-ne, sause!« Wir haben es bis zum Überdruß gehört, daß der Ha-se im Gras, die Hen-ne im Hof und Son-ne am Him-mel sich befindet. Ein gelinder, dumpfer Wahn-Sinn hat sich ü-ber uns gebrei-tet.

Jetzt, auf dem Spaziergang, liest er mit heller Stimme alle Namensschilder, einschließlich der Berufsbezeichnungen. Was tut der Mann? Wie alt ist der Mann? Kennst du den Mann? Er ist tief enttäuscht über meine Unwissenheit. Und gar, wenn ich, an der Qual erlahmend, ihn um eine Gnadenfrist anflehe, wird er ungehalten: »Ich werde wohl noch einmal fragen dürfen!« ruft er zornig. »Auch ein kleines Kind will eine anständige Antwort!« Besser geht mir's mit den Straßennamen – da kann ich ihm über den Buchdrucker Gutenberg allerhand erzählen, auch über den geschickten und hartherzigen Meister Fust – ». . . das weißt du doch, Stefan, wir wohnen ja selber in der . . .?« – »Fuststraße!« ruft er staunend und es mögen ihm in diesem Augenblick Zusammenhänge aufgegangen sein, wie das nur selten geschieht im Leben.

Er liest aber auch alle Plakate und Maueranschläge, laut buchstabierend und Frage um Frage an den oft rätselhaften Text hängend. Kein Erwachsener würde glauben, wieviel Lesbares in einer so stillen und vermeintlich schriftarmen Gegend zu erspähen ist, auch wenn man nicht jeden Zeitungsfetzen und Dosendeckel aufhebt. Und wieviel Wißbares in so ein kleines Kind hineinverschwindet, wahllos – um nie wieder herauszukommen oder eines Tages als klare Quelle an das Licht zu treten.

Jetzt aber macht er seine magischste Entdeckung, seinen erregendsten Fund: eine Emailtafel, nicht gerade groß, mit seltsamen Zahlen und Strichen darauf. Was konnte das sein? Ich erkläre es ihm: ». . . ein Hydrantenhinweis! Da unter den Straßen laufen überall die Röhren der Wasserleitung, und das Wasser heißt auf griechisch Hydor. In gewissen Abständen sind nun Anzapfstellen, wo man, wenn's brennt, zum Beispiel ...« – »Die Feuerwehr?« fragt er, selbst Feuer und Flamme. »Ja, die Feuerwehr kann da ihre Schläuche anschrauben und spritzen. Damit sie aber die Anschlüsse findet, auch im Winter, wenn alles verschneit ist, steht dieses Schild da!« Ich messe mit großen Meterschritten die Straße ab, und welche Verblüffung: genau dort, wo er sein muß, ist wirklich der eiserne Deckel!

Welch ein mühsames Spiel hatte ich damit in Schwung gebracht! Stefan späht wie ein Luchs umher, und immer wieder gilt es, die Probe aufs Exempel zu machen.

Es dunkelte schon, als ich ihn endlich heimwärts trieb. Aber noch lockte ein Namensschild an einem Vorgarten zur Entzifferung. Er blieb stehen, ich holte ihn, er lief zurück, ich mußte umkehren – eine alte Frau, die in dem Hause wohnte, kam heraus und fragte, ob wir wen suchten. Sie war in der Dämmerung sogar für mich gespenstisch anzusehen, mit struppigem Haar, mit milchweißen Augen, mit fahrigen Armen. Vielleicht war sie auch wirr im Kopf, denn es bedurfte großer Mühe, sie von ihrem hartnäckigen Gedanken, wir suchten wen – und wen wir suchten? –, endlich abzubringen. Sie schlurfte immer näher, unheimlich näher. »Gell, Papi!« rief der Stefan mit seiner hellsten Stimme, »der Thomas glaubt, daß es *doch* Hexen gibt!« Ich trat einen eiligen Rückzug an, eines heftigen Keifgewitters gewärtig; es blieb aber still hinter uns – ich weiß heute noch nicht, ob die Frau so gütig und altersweise oder ob sie bloß so stocktaub war.

Ziemlich erschöpft komme ich heim, während Stefan, frisch wie ein junger Rüde, ein Buch herbeischleppt und den dringenden Wunsch äußert, mir ein Märchen zu versetzen. »Nur einmal blüht des Lesens Mai!« – Ein Vater kann in dieser Zeit gar nicht geduldig genug sein!

Der Erbe

In meinem ›Sammelsurium‹ kann man's nachlesen, wie ich Berge von Zeichnungen, Steindrucken, Bilderbogen und Biedermeierblättchen zusammentrage. Und wie ich sie gelegentlich zum Zwecke einer Neuordnung aus dem Schrank nehme,

schaut auch der sechsjährige Stefan ein Weilchen zu. Er macht
ein tief nachdenkliches Gesicht und sagt: »Das muß ja sehr
schwer sein, so viele Sachen in genau zwei gleiche Hälften zu
teilen!«

Ich bin natürlich etwas peinlich überrascht, so unvermittelt
bei lebendigem Leibe als Erblasser angesprochen zu werden,
aber ich tu so, als hätte ich nichts gemerkt. Ich wundere mich
nur im stillen, daß das derselbe Stefan sein soll, der sonst bei der
leisesten Erwähnung, ich könnte einmal sterben, in bittere Tränen ausbricht.

Ich sage ihm also, daß ich vorerst noch da bin, daß er sich
aber auf mich verlassen kann; ich würde mir alles überlegen und
nach bester Einsicht verteilen.

Er schaut mich halb mißtrauisch, halb treuherzig an und sagt
mit der unschuldigsten Stimme von der Welt: »Bitte, schreib's
auf einen Zettel!«

Bubenstreiche

Natürlich wollen der Thomas und der Stefan vernehmen, was
ihr würdiger Vater alles getrieben hat, als er so jung war wie sie;
aber es ist dann, als ob man uralte Schwänke erzählte aus einer
verschollenen Zeit; die Welt hat sich geändert, so rechte »böse
Buben« gibt's nicht mehr, sondern entweder gefährdete Jugend
oder brave Kinder.

Die Großstadt, so will es scheinen, hat das Wurzelgeflecht
verkümmern lassen, auf dem die wahren Spaßvögeleien und
Schnurren gedeihen; wer genauer hinschaut, spürt selbst im
Faschingstreiben der Gassenbuben die Verlassenheit der kleinen Indianer und Trapper, auch wenn sie noch so wild mit
ihren Schießeisen herumknallen.

Das heimliche Rauchen hat längst seinen abenteuerlichen
Reiz verloren. Die Kalli(graphielehrer), die man mit Papierchen
beschoß und mit einem am Ofen geschmorten Radiergummi
hinausstänkerte, scheinen ausgestorben. Alte Geldbeutel, an
Fäden gebunden, als Lockvögel auf die Straße zu legen, ist wohl
auch aus der Mode gekommen.

Und welcher Bub möchte heut noch, kurz vor Ladenschluß,
in einen Bäckerladen laufen, mit der atemlosen Frage, ob die
Frau Meisterin noch für drei Mark Semmeln hätte – und sich,

nach langem Zählen, mit dem Rat empfehlen, sie möge schauen, daß sie sie anbringe, ehe sie altbacken würden.

Nicht ungern wollte ich von den zwei Brüdern solche Streiche vermelden, weniger als Vater, denn als Schriftsteller; sind doch dergleichen Lausbübereien seit Wilhelm Busch Wege zur Unsterblichkeit! Aber die »Untaten« von Thomas beschränken sich auf das Landläufige, und nur der Stefan zeigte als Kleinkind gute Anlagen – jetzt ist er auch bereits ein gesetzter Knabe geworden.

Damals wickelte er die schönsten Dinge in alte Zeitungen und lauerte darauf, daß wir das Papier mitsamt dem wertvollen Inhalt in die Tonne würfen; aus Rache gegen seine Vernachlässigung zerschnipfelte er am hochheiligen Kommuniontag des Bruders meinen kostbaren Rasierpinsel mit der Nagelschere; und aus dem für eine Flugreise des Vaters gepackten Koffer stiebitzte er mit teuflischer List die Vorlesetexte, um dafür eine Kuhglocke und eine schwere Hantel unter die Wäsche zu legen. Er lachte sich halb tot, als wir – zum Glück! – im letzten Augenblick den Scherz noch entdeckten.

Dabei haben Kinder oft kein Gefühl dafür, was eine Missetat und was ein Malheur ist. Sie verwechseln Ursache und Wirkung, begreifen unsern Zorn nicht, wenn doch eigentlich gar nichts passiert ist, brechen aber dafür in ein angstvolles Geheul aus, wenn es Scherben gegeben hat. Da wundern sie sich dann, daß sie so glimpflich davonkommen oder gar noch getröstet werden.

Jedenfalls, die Welt der Großen wie die der Kleinen ist ärmer geworden, vielleicht haben sogar die Kinder nicht mehr Zeit und Laune, um sich so einen richtigen, harmlosen Schabernack auszudenken. Freilich muß ich zugeben, daß wir damals echte Gassenkinder waren, während unsere eigenen Buben doch schon mehr jenen wohlerzogenen Knaben aus bessern Kreisen ähneln, die wir seinerzeit so gründlich verachtet haben.

Anfang der Wissenschaft

Auf den Brettern – die *mir* die Welt bedeuten – stehen viele Bücher, ganz unten am Boden die schweren Bildbände, oben, in Kopfhöhe und darüber, die hohe Literatur. Das ist auch für den sechsjährigen Stefan praktisch, der seine Lieblinge gleich zur

Hand hat; er weiß von jedem Buch, wo es steht. Freilich, wenn er eins nicht findet, wird die Sache schwierig, denn Titel und Verfasser hat er sich natürlich nicht gemerkt. Da gibt er mir denn Rätsel auf, die scharfes Nachdenken verlangen. »Du weißt es schon!« sagt er, »ich will das Buch haben, wo die Weltreisenden drin sind!« Ich habe keine Ahnung. »Was ist denn noch in dem Buch?« – »Ich weiß nicht!« – »Dann werden wir's auch nicht finden!« – »Der Bub ist drin, der das Schwein rasiert!« – »Aha, du meinst den Oberländer?« – »Ja!« Und strahlend zieht er mit seinem Buch ab.

Viele hundert Bücher sind im Krieg verloren gegangen, aber gottlob!, die Bestände wachsen nach; aber auch meine Lieben wollen ihre Bibliotheken gründen, die Mammi darf sich holen, was in ihr Zimmer paßt, der Thomas hat bereits einen gewaltigen Schatz angehäuft, aber er ist emsig bemüht, ihn noch zu mehren. »Laß doch den kindischen Wilhelm Busch nicht unter deinen Büchern stehen«, schmeichelt er, »ich bin gern bereit, ihn dir abzunehmen!« – »Gut, wenn du dafür die noch kindischeren Bücher dem Stefan gibst.« Schweren Herzens willigt er in den Ringtausch ein.

Oft suche ich ein Buch bis zum Wahnsinnigwerden. Ich weiß doch ganz genau, wo ich es stehen habe. Zuletzt, leider immer wieder sehr spät, kommt mir die Erleuchtung: Beim Thomas oder beim Stefan steht es; nicht etwa nur vergessen und nicht zurückgestellt, nein, schön in der Reihe seiner Rücken, einverleibt für alle Zeiten. Ich lasse es auch stehen, Hauptsache ist ja nur, daß ich weiß, wo.

Ich kann an dieser Stelle einen neidvollen Seufzer nicht unterdrücken: wie arm an Büchern waren wir, wie reich, wie gefährlich reich sind unsre Söhne! Alle Wunder der Welt strömen in farbigen Bildern auf sie zu – ich war als Kind ausschließlich über China unterrichtet, ein gewandter Reisender hatte meinem Großvater ein Prachtstück über den Boxeraufstand aufgehängt – das Buch schlechthin, das er, höchst verdrossen, besaß.

Thomas hat gelesen, daß wir meinten, noch mehr lesen kann ein Bub nicht. Er hat sich an seine Kinderbücher gehalten, er kannte sie alle – bis auf den Karl May, den er immer wieder zurückwies. Kein Indianerheft, kein komischer Streifen, kein blutrünstiges Abenteuerbuch ist je in unser Haus gekommen, die Flut der Illustrierten ist an unserer Schwelle verbrandet.

Stefan ist noch lesewütiger, zugleich aber anspruchsvoller als sein Bruder. Es sind schon tiefsinnige Betrachtungen darüber angestellt worden, was vorteilhafter sei, der ältere zu sein oder der jüngere. Jedenfalls hat Stefan das reiche literarische Erbe des Thomas, anfänglichen Einsprüchen zum Trotz, entschlossen angetreten und vom Doktor Dolittle bis zu den klassischen Sagen von Gustav Schwab alles in einem Zug ausgefressen, um, mit seinen höheren Zwecken wachsend, sich früh den väterlichen Reichtümern zuzuwenden.

Der große Brockhaus war, ein ganzes Jahr und noch viel mehr, die treue Liebe meines Sohnes. Verbieten? Ich dachte nicht daran; es wäre ja auch aussichtslos bei zwei-, dreitausend Büchern, die im ganzen Haus herumstehen. Und schließlich hatte auch der Thomas aus dem harmlosesten Band, altdeutschen Meisterbildern, ausgerechnet die Beschneidung Jesu herausgefischt und uns sehr dringlich um eine Erklärung gebeten.

Am Anfang war das Chaos. Der Stefan kam mit den wunderlichsten Fragen, ob der Bismarck giftig sei oder warum der Schopenhauer nur sechs Bücher geschrieben habe. Aber bald wurde Licht, nicht auf einen Schlag natürlich. »Frag mich was!« war Stefans unaufhörliche Bitte, in jeder freien Minute quizten wir darauf los, der Bursche wurde eine Landplage, es war ärgerlich und lustig zugleich, wie er an einem Tag von Lessing bis Lokomotiven alles gelesen hatte, einen sumsenden Kopf voll.

»Stefan«, rief ich ihm zu, »schau die schöne Sonne!« Blutrot und riesig ging die Wintersonne unter. »Da brauche ich gar nicht schauen, Sonne steht unter ›S‹ im Lexikon!«

Zum Trost sei es allzu besorgten Gemütern gesagt: es verliert sich wieder, eine Kinderkrankheit, wie die Masern.

Haarschneiden

Endlich haben wir uns entschlossen, die blondhinwallende Lockenpracht Stefans der Schere preiszugeben. Er selbst verlangt es am dringlichsten, denn es kränkt ihn, daß ihn die Leute für ein Mädchen halten: »Ich bin kein Mädchen!« wehrt er sich; »haben vielleicht die Mädchen ein Hosentürl? Aber ich hab' eins!«

Die Mutter hat ihn also zu dem weitberühmten Herrn Kneißl gebracht, und jetzt steckt er seinen frischgeschorenen Kopf in die Tür meines Zimmers herein – der erschreckende Anblick eines wahrhaft gescherten Lausbuben mit gewaltigen Ohren.

»Nun, wie war's beim Haarschneiden?« frage ich heiter. Aber Stefan ist sehr ungnädig aufgelegt. »Das weißt du doch selber!« raunzt er. »Du hast es doch fünfzigmal schon erlebt – was, fünfzigmal? Tausendmal!«

»Nun, tausendmal gerade nicht«, sage ich und bin selbst gespannt, zu überschlagen, wie oft ich mir in meinem rund sechzigjährigen Leben die Haare habe schneiden lassen – die Kriegsjahre mit dem militärischen Kurzschnitt doppelt gezählt. »Also, vier- bis fünfhundertmal wird's wohl gewesen sein!« schätze ich; »aber, weißt du, aufregend ist es ja nur das erstemal. Der Thomas ...«

»Das hat mir die Mammi schon erzählt«, winkt Stefan ab; »der Thomas war ja auch damals viel kleiner, den habt ihr nicht so lang als Mädchen herumlaufen lassen wie mich. Der hat es eben noch nicht gewußt, daß ihm der Mann mit der Schere gar nichts tun *darf*! – *nur* die Haare schneiden!«

Sammelsurium

Freud und Leid eines Kunstsammlers

> Denn jedem Sammler gab ein Gott
> Den Konkurrenten bei!

So möchten wir in Abwandlung des tausendjährigen deutschen Volksliedes sagen; der Konkurrent ist auch der Kamerad.

Homo homini deus – sagen die einen, lupus, sagen die andern; dem Sammler ist der Mitmensch beides, Gott und Wolf. Ein Gott, wenn er ihn wie ein Vater in das Reich der Kunst führt, anbetungswürdig und zu frohem Glauben verpflichtend, wenn er ihm ein fragwürdiges Blatt als unbezweifelbar echt und wertvoll bestätigt, aber ein Wolf, wenn er in die Herde unsrer Schäflein einbricht und eins ums andere zerreißt mit unbarmherzigem Urteil. Ein Wolf, wenn er, hungrig wie wir, durch die verödenden Steppen des Kunstmarkts streift und uns die magere Beute wegschnappt.

Der Mensch bedarf des Menschen sehr zu seinem großen Ziele; ohne den Mitsammler wären wir verloren in einer fremden Welt, denn alle Kunst und alles Sammeln ist ja nur eine freundliche Übereinkunft der Eingeweihten. Die Sammler hat ein weiser Mann eine »Bruderschaft des Auges« genannt. Und wirklich gehören sie einem Geheimbund an, der ungeschriebene, aber mächtig bindende Satzungen hat. Ein wildfremder Herr kann uns um eine Auskunft über Nürnberger Bilderbogen schreiben, wir werden ihm freundlich und ausführlich antworten, postwendend, wie sehr wir auch mit Arbeit überhäuft sein mögen. Dem unangenehmsten Burschen werden wir auf seinen Wunsch unsere Spitzenbilder zeigen, wenn er ein Sammler von Rang ist. Ja, zwei Todfeinde, im Morgengrauen zum Kugelwechsel entschlossen, würden die Waffen noch einmal sinken lassen, wenn sie der Sekundant um ihre Entscheidung anginge, ob ein Blatt von Fohr glaubwürdig sei oder nicht.

Freunde des Sammlers

Die Freunde des Sammlers sind auf keinen Fall mit den Sammler-Freunden zu verwechseln. Die Freunde des Sammlers aber sind Menschen, die mehr oder minder teilnahmslos der närrischen Liebhaberei gegenüberstehen, die ein sonst ganz umgänglicher Kerl betreibt, mit dem sich im übrigen gut schwatzen, trinken und wandern läßt.

Sie sind es, die in Scherz und Ernst dem Unglücklichen immer wieder den Rat geben, das ganze Zeug zu verklopfen und sich lieber ein Auto zu kaufen (mit dem nämlich auch *sie* fahren können!), die auf geheime Verabredung seine Sachen schlechtmachen, und auf jene auftrumpfende Frage: »Was meinen Sie, daß ich für dieses Blatt bezahlt habe!?« mit eiserner Stirn eine unverschämt niedrige Summe nennen.

Diese Freunde sind ungemein witzig und erfindungsreich. Zeigen wir ihnen ein ganz rares Blatt von Fohr, so greifen sie sich an die Stirn mit der halbblauen Frage: »Wo hab' ich denn neulich eine ganze Mappe solcher Dinger gesehen?« Und es will ihnen trotz aller Drohungen, die wir, an der Grenze des Wahnsinns, gegen sie ausstoßen, leider durchaus nicht mehr einfallen.

Sie haben einen Onkel in Wemding, bei dem ein Aquarell von ... heißt er nicht Olivier oder so? ... hängt, aber der gibt es nicht her. Und eine Tante in Neidenfeld hat auf dem Speicher noch die Briefe aus ihrer Brautzeit, der Onkel war Schiffskapitän – da müßten allerhand Marken drauf sein, aber mein Gott, bis man die findet! Vielleicht, wenn man selber einmal hinführe!

Das unglückliche Opfer reist nun Tag und Nacht in Gedanken nach Neidenfeld und gräbt im Speicherkram, bis zur Erschöpfung, schweißtriefend, sofern man im Geiste schwitzen kann.

Damit ist ihr Arsenal aber noch keineswegs erschöpft. Sie schicken uns verbummelte Genies ins Haus, die mit großen, verheißungsvollen Mappen ankommen: »Herr Doktor Haberstich hat mich an Sie empfohlen, Sie täten Aquarelle kaufen!« Edler Freund, denken wir gerührt, bieten dem Überbringer Schnaps und Zigarren an, entknoten selbst mit fliegenden Händen die Schnüre – es sind niederschmetternde Akte und scheußliche Studien, eigene Erzeugnisse, die uns mit einer teuflischen Beharrlichkeit angepriesen werden. Seufzend entrichten wir unsern Tribut an die zeitgenössische Kunst, denn unser Versuch, den Mann aufzuklären, daß wir nur Romantiker kaufen, werden mit dem stur wiederholten Hinweis entwaffnet, daß diese Blätter doch auch sehr romantisch wären.

Wir erhalten Postkarten und Briefe, darin uns die unbeholfen ausgedrückte, gleichwohl aber uns himmlisch anmutende

Botschaft wird: »Hätte schöne Bilder, auf Papier gemalt, billig abzugeben, bin zwischen 1 und 3 Uhr immer zu Hause, Gansl-meier, äußere Wiesenstraße 158 im Rückgebäude.«

Lieber Leser, spotten Sie nicht über unsere Tölpelhaftigkeit; nur ein Sammler weiß, wie wunderbar Gottes Wege sind.

Nur einmal solchem Angebot mißtraut und du kannst erleben, daß du beim Doktor Geyer phantastische Blätter findest, über deren geheimnisumwitterten Erwerb er selbst immer wieder den Kopf schüttelt: »Denken Sie, ganz draußen in der äußersten Vorstadt, ich habe keine Ahnung, wieso sich der Mann an mich gewendet hat . . .«

Der Nichtsammler

Was ein Sammler ist, wissen wir: ein Mann, der beim Anblick von zwei oder gar drei verschiedenen Streichholzschachteln in den begeisterten Ruf ausbricht: »Was für ein prächtiger Grund-stock für eine Sammlung!«

Über den Nicht-Sammler hat der Maler Max Unold ein paar Seiten geschrieben, gelesen hab' ich sie mit Absicht nicht, damit er nicht behaupten kann, ich hätte von ihm abgeschrieben.

Hebbel sagt: »Wirf weg, damit du nicht verlierst!« Aber Or-den hätte er doch gern gesammelt. Joachim Ringelnatz dichtet: »Erwirb dir viel und gib das meiste fort – zu viel behalten, hat den Wert von Sport!« Nun, vom Sammelsport (Denksport usw.) halten auch wir nicht viel, aber Ringelnatz hat es doch ernster gemeint: »Besitz macht ruhelos und bringt nicht Ruhm!« Von Lao-tse oder Diogenes wird niemand erwarten, daß sie große Fürsprecher des Sammelns gewesen seien. Aber Sie würden stau-nen, geneigter Leser, wenn ich vor Ihnen die Heerscharen der Nicht-Sammler aufmarschieren ließe. »Die Kunst«, sagt Jean Paul, »ist zwar nicht das Brot, aber der Wein des Lebens« – man sollte nicht glauben, wie viele Temperenzler es da gibt.

Wir Sammler müssen den Nicht-Sammlern geradezu dankbar sein, denn wo kämen wir hin? Wir haben es ja erlebt, wie es war, als alle Welt in den Atavismus der Urahnen zurückfiel, als wir wieder ein Jäger- und Sammlervolk wurden und auf Butter und Eier ausgingen! Es ist ein Glück, daß das Schlagwort: »Die Kunst dem Volke!« nicht eingeschlagen hat – niemand wäre schwerer getroffen worden als wir Sammler.

Die Welt im großen und die Nicht-Sammler im einzelnen sorgen dafür, daß die Kunst immer rarer wird – aber, was sie übrig lassen, das lassen sie dem Sammler übrig, dem unheilbaren Narren, der im Zeitalter der Atombomben und Leihbibliotheken noch die Mühsal auf sich nimmt, unter dem Damoklesschwert des Finanzamts Besitz anzuhäufen, der eine Last ist, weil er ihn ja nicht nützen kann wie ein Auto, das überdies auf Wechseln läuft und von der Steuer abziehbar ist.

Schnöde Besitzgier

Wer jemals den ungeheuern Andrang erlebt hat, dem etwa unsere staatlichen graphischen Sammlungen ausgesetzt sind, wer Zeuge war, wie Tausende von Kunstfreunden und Kennern hier sich die Blätter aus Begeisterung geradezu aus den Händen reißen, erst der kann die Abscheulichkeit eines Menschen beurteilen, der solche Blätter in sogenannten Kunsthandlungen kauft und sie erst nach seinem Tode der Öffentlichkeit schenkt, vielleicht aber gar die posthume Frechheit hat, die öffentliche Hand zu zwingen oder wenigstens zwingen zu wollen, eine offene Hand zu werden und Zeichnungen oder Stiche, die oft genug ohne den Sammler und seinen abgesparten Groschen für immer verlorengegangen wären, käuflich zu erwerben.

Der Gipfel der Besitzgier aber ist darin zu erblicken, daß (gottlob nicht allzu viele) Menschen sich erdreisten, einem lebendigen Kunstmaler, am Ende gar einem unbekannten Anfänger, Ölgemälde und Zeichnungen um ein Spottgeld abzudrücken, Meisterwerke, die nach fünfzig, nach dreißig Jahren schon, wenn sie den Klauen der Sammler-Ungeheuer (meist erst nach ihrem Ableben) wieder entrissen worden sind, für Riesensummen verhandelt werden.

Lichtscheues Handwerk

Gelegentlich kommt es vor, daß Sammler infolge Heirat aufgeben. Sie wagen es nicht mehr, ein Verhältnis zu haben – zur Kunst nämlich. Gar wenn es nicht platonisch ist, sondern handfest und kostspielig. Sie gehen also, völlig würdelos, einfach hin und verkaufen, kurz vor Weihnachten, ihre ganzen Schätze, weil sich die Frau Gemahlin einen Pelzmantel wünscht und ihr Wunsch natürlich Befehl ist. Daß es später den armen Mann in der tiefsten Seele friert, weil er sich so entblößt hat, ist ihr gleichgültig.

Andere aber wagen nur noch heimlich zu sammeln. Wohl ihnen, wenn sie ein Büro haben oder einen guten Freund, der ihnen Hehlerdienste tut. Eine Zeitlang mag es hingehen, aber schließlich ist halt doch nichts so fein gesponnen – der gute Mann wird unvorsichtig, am hellichten Tag schleppt er seine Schätze in die Wohnung, durch ein Mißverständnis wird, trotz strengen Verbots, der Händler einmal eine verräterische Karte schreiben – und alles kommt auf.

Nie darfst du einen solchen Unglücklichen in Gegenwart der Frau auf seine Erwerbungen hin ansprechen, nur im Sommer erlaubt er dir, als Strohwitwer, ihn zu besuchen.

Vielleicht gelingt es dem listigen Manne auch, seine Frau davon zu überzeugen, daß es sich um einen harmlosen, gar nicht teueren Sport handle. Er wird es machen wie meine verruchte Tante Johanna, die mit ihrer Modistin zuerst alles ausmachte, aus ihrem Geheimfonds neun Zehntel des Preises vorauszahlte und dann in Begleitung ihres abgründig ahnungslosen Männchens bei ihr erschien. Der liebe Professor war dann immer ganz entzückt über sein Frauerl, das um zwanzig Mark ein so entzückendes Hütchen zu erstehen wußte, wo doch weit weniger schöne hundert und mehr gekostet hätten. Aber, selbst wenn einem das bis ans Lebensende (seiner Frau) gelänge, er sitzt halt doch auf seiner Sammlung wie auf glühenden Kohlen.

Wir raten ihm, ein offenes Geständnis abzulegen, ein Machtwort zu sprechen, in den Tisch reinzuhauen oder vernünftig und lieb mit ihr zu reden.

Aber wir haben leicht reden – wir kennen seine Frau nicht!

Endsieg

Ich habe ein Blatt von Klein gekauft, Johann Adam Klein, ein entzückendes Aquarell; laut Beschriftung die Sennerin von der Königsalpe darstellend; nicht teuer.

Der erste, dem ich's zeige, ist der Doktor Geyer. Er wirft einen flüchtigen Blick darauf und sagt, ich sollte mich schämen, so was für Klein zu halten. Ich verteidige meinen Klein laut, aber unter seinen vernichtenden Beweisen bin ich fast daran, kleinlaut zu werden. Immerhin tue ich das Blatt in die gute Mappe.

Ein halbes Jahr später führe ich meinem Meister wieder meine bescheidenen Schätze vor. Er runzelt die Brauen, als er den Klein, statt in der Hölle seines Richterspruchs, noch unter den armen Seelen meiner Fegefeuerhoffnung erblickt. Aber er ist heute doch milder gestimmt: Es ist unwahrscheinlich; ganz ausgeschlossen ist es nicht. Vermutlich ist es Scheftlmayer. (Alles, was der Doktor Geyer verdammen will, ist kurzweg Scheftlmayer.)

Ein halbes Jahr später sagt er, ich sollte ihm doch den Scheftlmayer zeigen, den ich für Klein hielte. Ein halbes Jahr später will er den Klein sehen, der doch wohl ein Sch-... Ein halbes Jahr später schlägt er mir einen Tausch vor: Er habe einen Schnorr, der möglicherweise bloß ein Schraudolph sei. Ich zögere. Ein halbes Jahr später bietet er mir für den Klein, der ja doch wohl ein Scheftlmayer sein könnte (welche Gefahr nimmt er großzügig auf sich!), einen Kobell an, der, nun ja, zugeschaut habe beim Malen niemand... Also, meinetwegen!

Ein halbes Jahr später darf ich die besten Blätter vom Doktor Geyer wieder einmal anschauen. Und was sehe ich? Meinen Klein – ganz groß!

Die ganz Großen

Nicht daß Sie meinen, ich kennte sie nicht, die Renaissance-Riesen und Scheckbuchgewaltigen, die Großwildjäger der Kunst und ihre listenreichen Aufspürer und Zutreiber: Ganz dicke Bücher habe ich über sie gelesen! Aber da ich nur ein dünnes Buch über die Sammler schreiben darf, will ich ihrer nicht weiter Erwähnung tun, so schwer es mir fällt, auf den Ruhm eines großen Wissenschaftlers zu verzichten. Denn aus *einem* fremden Buche abzuschreiben, mag geistiger Diebstahl sein – vom Dutzend aufwärts ist es bare Gelehrsamkeit.

Wenn einmal über irgend etwas recht viel geschrieben wird, dann ist es fast immer ein sicheres Zeichen dafür, daß es damit zu Ende geht, oder schon gegangen ist. So scheint auch des Sammlers letztes Stündlein geschlagen zu haben. Nicht nur, weil die große Kiste der abendländischen Kultur ausgeräumt ist, nicht nur, weil Dinge, die dir gestern für eine Mark zu schlecht gewesen wären, heute auf Versteigerungen ein Vermögen kosten – nein, die Axt ist an die Wurzel des Sammlers gelegt: Der Einzelne, die Ausnahme muß untergehen, das Allgemeine, das Gleiche hat die Herrschaft angetreten.

Kunst zu sammeln war Sache von Außenseitern, die nicht mehr geduldet werden. Laß ab, das Besondere zu wollen, die Masse ist stärker als du und sie will das Gleiche. Alexander der Große, dem man auf dem Wüstenmarsch einen Helm voll Wasser brachte, sagte, da nicht alle trinken könnten, sei es besser, daß keiner trinke – und er schüttete das Wasser in den Sand. Noch heute, nach dritthalb Jahrtausenden, hören wir den Jubel der Massen brausen. Nimm dir ein Beispiel dran, mein Freund, und sprich: Alle können wir nicht sammeln!

Es gibt erschreckend viele Sprüche und Redensarten, die dem Sammler drohend anraten, von seinem freventlichen Tun zurückzustehen. So dich dein Auge ärgert, so reiße es aus – und wen hätte sein auf die Sammlung gerichtetes Auge nicht schon geärgert? Aber noch viel gefährlicher sind des Sammlers eigne Einsichten, seine Selbsterkenntnisse, die bekanntlich der erste Schritt zur Besserung, hier also zum Nicht-mehr-Sammeln sind.

»Es wachsen die Räume, es dehnt sich das Haus ...«, nur ein weltfremder Dichter konnte das schreiben, jeder andere Mensch weiß, daß die Räume leider nicht wachsen, sondern zu eng werden. Aber die Sammlungen, die dehnen sich!

Da ist der Briefmarken-Liebhaber halt am besten dran, fast so gut wie der Piccolo-Flötist des Orchesters, der seine Musik in die Rocktasche steckt, während Baßgeiger und Bombardon schauen können, wo sie bleiben. So lächerlich es klingen mag, es sind ganze Sammlungszweige außer Mode gekommen, nur weil niemand den Raum hat, sie unterzubringen.

Die Besitzfreude ist heute von innen her angekränkelt. Was man nicht nützt, ist eine Last: Wer keine Einladungen mehr gibt, geben kann, spürt nur noch, wieviel Arbeit eine Achtzimmerwohnung macht (selbst wenn er sie uneingeschränkt behalten dürfte). Ich sage nichts gegen die Ameisen, Ehre ihrem Fleiß und ihrer leicht beherrschbaren Sturheit. Die Ameisen sind Traum und Vorbild einer neuen Menschheit. Unter ihnen hat der Achtzimmerbewohner, der Herr, der Individualist, der Sammler nichts mehr zu suchen. Er will auch nicht mehr. Er ist müde. Er sehnt sich schon nach seinem Untergang. Das Ideal hat sich verändert; es gibt Menschen genug, die so mürbe geworden sind, daß sie die Zelle herbeiwünschen, die Armut und die Freiheit von aller Verantwortung, die der Besitz, der Kunstbesitz im besondern, mit sich bringt. Wäre es nicht herrlich, eine Art Kloster, in dem man nichts besitzt und sich um nichts zu kümmern braucht, wo man sich die Bücher aus der Bibliothek holt? Und ist nicht ein Museum, oder noch besser, ein graphisches Kabinett doch das einzig Richtige, wo man Dürer-Holzschnitte sich vorlegen läßt, und es geht einen nichts an, was sie kosten und wie man sie in Zeiten der Gefahr sichert? Die Verführung, so zu denken, wird immer größer.

Seit also, um es noch einmal kurz zu sagen, die eigenwillige Gesellschaftsschicht, in der er lebte, zerstört ist, seit die Freude am Besitz, ja, die Aussicht, ihn zu nützen und mit andern zu genießen, verlorenging, seit vor allem der Erwerb nicht mehr oder höchstens zu wirklich verrückten Preisen möglich ist, seit die Unsicherheit des Lebens um sich greift, und seit der bürgerliche Mensch der Masse weichen muß, ist der Sammler zum Aussterben verurteilt. Le roi est mort, vive le roi! Wann wird der neue Sammler ausgerufen werden?

Kleine Ratschläge

Ein Sammler ist ein freier Mensch: Er *muß* nicht ein bestimmtes Stück gerade jetzt haben wollen. Gegen den Strom schwimmen, verlangt viel Kraft. Sich treiben lassen und dann die günstige Gelegenheit beim Schopf packen: *Sammeln heißt, warten können!*

Unzählige Beispiele ließen sich anführen, wo die Welle des Glücks dem, der zu warten wußte, das ersehnte Stück oder ein noch viel schöneres zuspielte. Ich hatte mir immer einen Wilhelm von Kobell gewünscht, aber ich hielt aus. Und siehe, eines Tages . . .!

Ein genauso guter Rat ist: *Zugreifen* um jeden Preis, *zugreifen*! Sammeln heißt, sich rasch entscheiden können!

Unzählige Beispiele ließen sich anführen, wo die Welle des Glücks dem, der nicht gleich zugriff, das zugespielte Stück in die Ferne einer Sehnsucht entriß, die immer weher tut, je älter man selbst und je aussichtsloser die Sache wird. Ich hatte mir immer einen C. D. Friedrich gewünscht, aber ich lernte zu warten. Und heute kann ich's. Lang kann ich warten – nie mehr . . .

Scherz beiseite: Der Sammler muß beides können: warten und zugreifen. Wann und wo, sagt die innere Stimme. Vorausgesetzt, daß sie nicht gerade schweigt. Dann ist Vorsicht am Platze, niemals mache man den Versuch, sie mit Gewalt zum Reden zu bringen.

Aber nun, ganz im Ernst: Begegnen wir dem wirklich vollendeten Meisterwerk, an dem uns nichts stört, an dem uns alles begeistert, dann tun wir gut daran, alle Bedenken hintanzusetzen, tief in den Beutel zu greifen, um jeden Preis, sofern wir ihn überhaupt erschwingen können, das edle Stück zu erwerben. Aber natürlich, und damit ist auch dieser Rat wieder in Frage gestellt, dazu muß man den unbestechlichen Blick haben. Genug, genug – jeder Sammler hat zwei Ohren: Das eine mag er sich ausreißen aus Wut über die Käufe, die er voreilig getan, und das andre über die, die er dummerweise unterlassen hat . . .

Der alte Sammler

»Ich bin ein alter Mann«, sagte mein greiser Freund, der siebenzigjährige Oberst, wehmütig, »da liegen meine Schätze, werde in die Grube fahren, und ich kann nichts mitnehmen. Wenn Ihnen irgendwas Spaß macht . . .«, und er machte eine hoffnungslose, gütige Handbewegung über seine ganzen Sammlungen hin.

Ich war, wenigstens das erstemal, in jeder Hinsicht zu Tränen gerührt, denn es war ein ganz großer Augenblick. So klopfte Karl V., in dessen Reich die Sonne nicht unterging, an die Tür der hispanischen Mönche von St. Just, so welkten Cäsaren und Päpste dahin, Rost und Motten, Staub und Verfall, weinet mit mir, der Mensch ist wie Gras – ich suchte also ein paar bescheidene Blättchen heraus.

Ich habe sie nie bekommen. Denn der gute alte Herr erholte

sich immer wieder rechtzeitig von seinen Anwandlungen. Die Erben jedoch schickten mir nichts als eine Todesanzeige. Aber dergleichen sammle ich nicht ...

Sammlers Ende

Der Sammler muß nicht nur den ganzen Tag die Augen offener halten als irgendwer sonst; auch nachts tut er oft kein Auge zu. Wie sollte er nicht vor der Stunde zittern, in der er die Augen schließen muß? Diese Augen, zum Sehen geboren, zum Schauen bestellt – Augengedächtnis ist ja sein ganzes Geheimnis!

Mit vierzig, mit fünfzig beginnen die Abschiede im Leben. Im Herbst fallen die Blätter, die Äpfel werden reif – aber der Sammler hebt sie auf, er denkt immer an den Winter. »Denn«, sagt Schopenhauer, »in einer so beschaffenen Welt gleicht der, welcher viel an sich selber hat, der hellen, warmen, lustigen Weihnachtsstube, mitten im Schnee und Eise der Dezembernacht.«

Aber eines Tages wird auch der zäheste Sammelnarr in den Sarg gelegt; und wenn sich einer unter seinesgleichen nicht wohl fühlt, dann ist es der Bücherwurm unter den Würmern. Wer im Leben mit Papier zu tun hat, sollte sich eigentlich verbrennen lassen.

Jedenfalls, tot ist er. Mögen sich um seine unsterbliche Seele die Engel und die Teufel raufen, um seine Sammlung balgen sich, falls sie so unsterblich sein sollte, wie die von Balzacs unseligem Vetter Pons, *nur* Teufel; war sie aber nicht unsterblich, oder ist sie nicht rechtzeitig an ihrem Wert erkannt worden, kümmert sich kein Teufel um sie.

Nehmen wir an, du hast in der Voraussicht, daß deine Uhr bald ablaufen könnte, deine Rechnung nicht nur mit dem Himmel gemacht, sondern auch auf Erden, du bist als ein Erblasser erblaßt, du hast deine schöne, in fünfzig Jahren zusammengetragene Sammlung von Studenticas, eine ganze alte Burschenherrlichkeit, deiner lieben Heimatstadt vermacht und sonst dich nun in deinen alten Tagen an der Vorfreude, wie man dich einmal als hochherzigen Stifter ehren wird mit einem »Doktor-Käsbohrer-Zimmer« im Alten Rathaus, einer Tafel an deinem Sterbehaus ...

Aber – einen Dreck! sagt der Münchner, mitnichten! Wohl

hat der Herr Bürgermeister in der Vollversammlung des Stadt-
rats deiner Stiftung eine ehrende Erwähnung getan, und die
Herren haben sich zu deinem Angedenken ein bisserl von den
Sitzen gelüftet. Aber der Herr Obersekretär, im Nebenamt
auch Leiter der städtischen Sammlungen, wirft dein Zeug dorthin, wo Heulen und Zähneklappern ist, wo Ratten, Rost und
Motten sind, wo nicht Sonn' und Mond sie bescheinen: In Bündel gefesselt wird dein Nachlaß magaziniert, dicht neben den
Schätzen deines noch älteren Sammlerfeindes, die bereits seit
zehn Jahren dort ruhen: »Geschenk der Erben des H. H. Hof-
rats Siebzehnrübel †«. Vielleicht auch werden die zwölf besten
Stücke gelegentlich ausgestellt mit der ausdrücklichen Verwah-
rung, daß es sich um einen Nachlaß handle und man kein Geld
dafür ausgegeben habe.

Wenn du genau wissen willst, was die Leute über dich und
deine Sammlung sagen, brauchst du dich nur der liebevollen
Worte zu erinnern, die du gelegentlich über deine Vorgänger im
Tod gesprochen hast; erforsche nur einmal dein Gewissen!

Aber wir wollen dir, armer Bruder, die Hölle nicht heiß machen! Vielleicht hast du ein unverschämtes Glück gehabt, deine
Erbschaft kommt, als künstlerisch wertvoll, inmitten der
schönsten Hausse, unter den Hammer, ja, schon an deinem
Grabe pflanzen die Händler die Hoffnung auf, deine Erben
übers Ohr zu hauen. Heil dir, wenn ein reich bebilderter Katalog
dir beschieden ist! Wenn der Leib zu Staub zerfallen, die Sammlung selbst in alle Winde zerstreut ist, lebt dein großer Name
noch! Sammle also, wie du, wenn du ausgesammelt hast, wünschen wirst, gesammelt zu haben!

Was wird gesammelt?

> Nun, Trompeter, zum Sammeln geblasen!
> *Freiligrath*

Es gibt nichts, was es nicht gibt; also auch nichts, was nicht
gesammelt wird. Zum Glück sammelt nicht jeder das gleiche!

Der Weise sammelt sich selber, der Dichter seine Werke, der
Hirt die Herde, der Feldherr Soldaten, der Staatsanwalt Beweise. Büchmann hat geflügelte Worte gesammelt, aber an Kraft-
worten ist ihm jeder Fuhrmann überlegen. Auch wir haben als

Buben, meist auf dem Tauschwege, erstaunliche Mengen davon erworben; leider sind sie uns im Lauf der Zeit, wie so manche andere Bubensammlung, wieder abhanden gekommen, und wenn uns heute wer auf die Hühneraugen tritt, sind wir geradezu verlegen um eine urwüchsige Anrede.

Ein Zahnarzt in Norwegen hat alte Holzhäuser gesammelt und ein ganzes Dorf aufgebaut; ich bin selbst dort, in einem Pfarrhaus von 1750, zu Gast gewesen, am offnen Feuer einer Blockhütte haben wir die nordische Sommernacht verschwärmt – es war die großartigste Sammlung, die ich je besichtigt habe.

Morgenstern läßt einen Zauberer namens Wasmann Pfiffe sammeln, und (nur für Kenner!) ein Pfiffikus hat rechtzeitig Morgenstern und Wasmann gesammelt.

Glühende Kohlen aufs Haupt der Geliebten, trübe Erfahrungen, Almosen und Unterschriften für oder gegen was, WHW-Abzeichen vom Hampelmann bis zum Goethekopf, Wanzen und Läuse, Schmetterlinge und Käfer, Erde von weltberühmten Gräbern, Streichholzschachteln, Plakate, Briefmarken, Bieruntersätze, Blitze (nur statistisch oder fotografisch zu erfassen), Zigarrenbauchbinden für kunstgewerbliche Aschenteller, Schlangen (am Busen genährt oder in Weingeist ertränkt), Sektkorken und Weinflaschenschilder (am besten von selbstgeleerten Bouteillen), Beigabebilder, alles, alles kann man zusammentragen: Nun, Trompeter (es muß nicht der von Säckingen sein!), zum Sammeln geblasen.

Mit Musikinstrumenten, Spazierstöcken, Marionetten, Zinnsoldaten, Fahrscheinen, Einlaßkarten ist es gleichermaßen versucht worden, Bergsteiger haben Viertausender gesammelt, gewöhnliche Sterbliche bloß Tausender, ja, nur Einser, wenn sie schwarz waren. Ein Engländer hat in allen Städten der Welt Straßenschilder abgeschraubt und bei Windstärke elf sich eine Tafel angeeignet, die den Fahrgästen der zweiten Klasse den Aufenthalt auf dem Promenadendeck verbot. Der Erwerb, nicht das Erworbene ist wichtig!

Kopfjäger, Skalp- und Zopfabschneider lassen wir weg, von Fetischisten reden wir gar nicht – wo kämen wir hin? Von den Uhrensammlern lassen wir die Straßenräuber und Taschendiebe unberücksichtigt. Um zu wissen, wieviel es geschlagen hat, genügt uns eine einzige Uhr, aber der Sammler trägt Hunderte zusammen und nur ein Hämling behauptet, daß er einen Tick hat.

Schon die Gebiete der echten Kunst sind unübersehbar;

kaum, daß sämtliche Museen der Welt einen Überblick zu geben vermögen. Dinge, von denen wir nie und nirgends auch nur ein Stück gesehen haben, eines Tages werden sie uns in reichster Auswahl vorgelegt, unerfindlich, wo die Kerle das alles aufgetrieben haben!

Was soll man ...?

Selbst für einen Millionär hätte es heutzutage wenig Aussicht, wenn er in den Athener Volksboten eine Anzeige einrücken ließe: »Kaufe Praxiteles zu hohen Preisen!« Auch *er* muß sich mit dem begnügen, was man *sammeln* kann; also mit Dingen, die in entsprechender Erhaltung noch so zahlreich auf den Markt kommen, daß man eine gewisse Entwicklungsreihe davon aufzustellen vermag.

Natürlich ist es auch ein Standpunkt, sich ein einziges kostbares Kunstwerk zu kaufen und seine gesamten Mittel darauf zu verwenden. Aber das hat mit dem Begriff des Sammelns nichts zu tun.

Man soll sammeln: was man wirtschaftlich »derkraften« kann; was man versteht oder wenigstens noch zu erlernen hofft; was einem wirklich »liegt«; wofür man Platz hat; was nicht gerade alle Welt begehrt.

Es hat also keinen Sinn, japanische Holzschnitte zu erwerben, von denen man keine Ahnung hat, Picasso zu kaufen, nur aus Snobismus, obwohl man ihn nicht mag, und sich auf Romantiker zu versteifen, die eben hoch im Kurs sind – während zum Beispiel Zeichnungen der siebziger und achtziger Jahre noch ziemlich wohlfeil herumliegen. Übrigens: Ein guter Druck ist besser als eine mäßige Zeichnung oder gar ein schlechtes Ölbild. Und Mörikes schönes Wort: »ein fromm Gemüt oft liebt und ehrt, was vor der Welt nicht Hellers wert« darf niemals zum Freibrief für noch so gemütvolle Trödelanhäufung werden. Selbst wer »Kitsch« sammelt, muß noch auf Qualität achten!
Dem jungen Anfänger kann nicht genug empfohlen werden, sich eine *sachliche* Sammlung anzulegen, auf einem Gebiet, das er fachlich beherrscht oder auf dem er sein Wissen ausbauen

kann; das reine Kunstsammeln »von der Pike auf« ist ohne größere Mittel heute kaum noch möglich – es müßte denn einer den Mut und den unbestechlichen Blick dafür haben, was von der Kunst von *heute* die Kunst von morgen sein wird. »Hic Rhodus, hic salta!« Ich stehe nicht an, zu sagen, daß die *zeitgenössische* Kunst immer die Front der Entscheidung sein wird – alles andere ist Etappe.

Der rechte Augenblick

Als Oskar von Miller auf den verrückten, heute freilich so selbstverständlichen Gedanken kam, alte Lampen, Schreibmaschinen und Fernrohre zu sammeln, war es gerade höchste Zeit, diese wertlosen und zugleich unschätzbaren Stücke vor der Vernichtung zu retten. Denn, von Weltkrieg und Inflation ganz abgesehen, gerade in den ersten Jahrzehnten des zwanzigsten Jahrhunderts wurde am gründlichsten mit dem lächerlichen Zeug aufgeräumt, das man soeben erst voller Stolz überwunden und verbessert hatte.

Im rechten Augenblick haben die Brüder Grimm ihre Märchen, Arnim und Brentano die deutschen Volkslieder, die Brüder Boiserée die alten Tafelbilder gesammelt: Ein Menschenalter später – und es wäre für immer zu spät gewesen!

Non olet

Geld, woher es auch kommen mag, stinkt der schnöden Welt nicht – und auch die Schätze der Kunst, so scheint es, verlieren mit der Zeit den üblen Geruch, der ihnen oft genug von Rechts wegen anhaften müßte.

Weltgeschichte, in frischem Zustande zumeist scheußlich, nimmt mit der Zeit den Glanz der Balladen und Märchen an; die Altertümer, die ja doch nur Erzeugnisse der Weltgeschichte sind – denn ursprünglich war ja alles neu! –, sind auch durch die Verwandlungen des Todes gegangen, sie sind gewissermaßen gestorben und auferstanden zu einer freilich nur irdischen Ewigkeit. Und die Sammler besitzen sie nur als ein Lehen, auf einer unendlichen Wanderung von einer Hand in die andre.

Unter unsern Blättern sind Trümmer vieler aufgelöster berühmter Sammlungen – Trümmer unsrer Sammlung werden unter den Schätzen der Enkel sein.

Der Geruch des Todes aber, ja, vielleicht gar der Geruch von Blut und Feuer, von Mord und Plünderung ist von ihnen gewichen, Unrecht ist zu Recht geworden im Lauf der Zeit, und treuherzig berichtet der Chronist, daß man dem Codex argenteus zu Upsala die rauhen Schwedenhände nicht mehr anmerke, die ihn einst aus dem goldenen Prag gezerrt haben. Das Diebgut von gestern wird zur unverdächtigen Handelsware von morgen, der Tod hat eine reinigende Kraft, und was die kleinen Zubringer aus dem Staub des Verfalls gebuddelt oder erkalteten Händen entwunden haben, wird gesäubert gegen ein kleines Aufgeld unter die ehrenwerten Antiquitäten eingereiht. Wir sind auch abgebrüht und phantasielos genug, im Museum die Gräberfunde zu betrachten – und wer denkt schon bei einem Rokokotisch, daß er grausame Geschichten erzählen könnte, von den Henkern der Septembermorde . . .

In unserm Goldzahn west ein Quentchen vom Schatze Montezumas – nun wohl, er ist hundertmal eingeschmolzen und verwandelt; aber unverwandelt steht der alte Schmöker unter deinen Büchern, aus dem der Richter von einst sein Bluturteil geschöpft hat, und unverwandelt liegen auch in deinem Schrank – wenn du Glück gehabt hast – wieder die Blätter, die du in Todesnot durch den Feuersturm einer Bombennacht geschleppt hast – unverwandelt und doch, wie wir selber, alternd und reifend.

Die Patina ist's, die Schicksalsträchtigkeit der Dinge, die die einen lieben (solange der Geruch nicht zu aufdringlich ist!), aber wir können auch die andern verstehen, die alles hassen, was alt und gebraucht ist: nagelneu vom Schreiner wollen sie ihre Möbel – aber vielleicht knackt im Holz ihres Bettes dennoch der ruhelose Geist uralter, düsterer Vergangenheit . . .

Der Glücksfall

In Frankfurt, auf dem Römerberg, trat ich in einen Laden, im Vorwinter 1941, als Reisender. Eigentlich reiste ich in Lyrik. Ich fuhr kreuz und quer durch Deutschland, um guten Menschen gegen bares Geld meine Gedichte zu versetzen. Daneben reiste ich aber heimlich als Sammler, um besagtes Geld gleich wieder loszuwerden. Das war nicht ganz einfach, denn niemand hatte was zu verkaufen oder er wollte nicht.

Auch diesmal schien ich mein Sprüchlein vergebens hergeleiert zu haben: »Aquarelle, Zeichnungen, notfalls auch Lithographien, wissen Sie, so um 1850, Wilderers Ende, vor dem Bad und nach dem Bad, das gerettete Kind, Jägers Liebesglut ... nichts? Oder Stammbuchblätter, Glückwunschkarten? Auch nichts?«

Nichts. Irgendwo, vielleicht im Lager, aber – im Sommer, kann sein, Sie kommen ja wieder ...

Irgendwo, vielleicht im Lager? Jetzt bettelte ich so lange, bis der brave Mann seufzend nach einem Schlüsselbund griff. Erwartungsvoll trabte ich hinter ihm drein. Zuerst die übliche Enttäuschung: die bekannte ausgesuchte Ware, ausgesucht von zahlreichen Vorgängern, bis auf einen grauen, staubigen Fetzenmist. Und dann ein Album; ein Klebeband. Welche Schätze sind aus solchen Klebebänden schon geholt worden! Auch aus diesem, offenbar. Denn viele Blätter fehlen, der Rest waren belanglose italienische Ansichten. Aber halt, da war eine Radierung, auf der ersten Seite, von Ludwig Emil Grimm. Und ein reizvoller Kopf, Bleistift, Rom 1816. Stimmt, in diesem Jahr war Grimm in Italien. Ein paar Seiten weiter, eine aquarellierte Bleistiftzeichnung: Deutsche Reisende zu Pferd überqueren bei einem Unwetter einen Gebirgsbach.

Ein entzückendes Blatt, ein bißchen liebhabermäßig, nirgends einzureihen, ganz fremdartig. Und dann wieder die gestümperten Vesuve, Blauen Grotten und römischen Ruinen ... Trotzdem, ich frage mutig, was das Blatt kosten soll, fest entschlossen, es sogar um fünfzig Mark noch zu nehmen, auf jede Gefahr. Aber der Händler antwortet noch mutiger, daß es zweihundert Mark kostet.

Das ist viel Geld für ein Wagnis solcher Art. Wer weiß, ob ich heute die richtigen Augen im Kopf habe. Ich höre schon das Hohngelächter des Doktor Geyer, Grimm-Spezialist, oder, noch schlimmer, ich sehe ihn das Blatt achtlos zur Seite schieben. Aber nein – der Kopf dort, Rom 1816, ist doch gut. Sehr gut. Grimm – nimm! raunt mir eine Stimme zu. Zweihundert Mark, das ist zu stark, warnt mich eine andre. Der Kopf kostet – und das kostet den Kopf nicht – dreißig Mark. Soll ich den allein nehmen? Ach, wer es nicht erlebt hat, weiß nicht, was der erlebt, der es nicht weiß, was er in diesem Augenblick wissen müßte.

Ich hab's gewagt! Ich bin Besitzer, furchtsam glücklicher Besitzer des zwischen Trug und Wahrheit schwebenden Blattes.

Nach Wochen – die Blätter habe ich nebst einigen andern Erwerbungen vorausgesandt – komme ich wieder heim. Ich borge mir beim Doktor Geyer, der alle Bücher hat, die Lebenserinnerungen von Grimm aus und lese, Seite für Seite, wie er nach Italien gefahren ist. Aber ach, er kommt in Rom an, ohne des doch zweifellos alpinen Erlebnisses Erwähnung zu tun. Also, schlimm, kein Grimm! Aber um Mitternacht, im halben Schlaf, kommt mir eine Erleuchtung: er ist ja auch wieder heimgereist! Und siehe, da steht die Geschichte, Seite um Seite, und wenn ich noch so von Herzen glücklich sein könnte, in diesem Augenblick wär' ich's gewesen. Schon wegen des Grimms, den der Doktor Geyer haben wird, weil er keinen solchen Grimm hat wie ich.

Das Heimatlose

Die ganz große Kunst, so heißt es, ist überall zu Hause. Und schon das ist nicht wahr – ich möchte wenigstens bezweifeln, ob sich ein Dürer in Amerika so richtig wohl fühlt.

Aber bleiben wir im bescheidneren Bereich dessen, was uns kleinen Sammlern unter die Hände kommt: Ist nicht die Hälfte unserer Mühen darin beschlossen, daß wir dem Heimatlosen eine Heimat geben wollen? Beileibe nicht in unsern Mappen allein. Der große Schmerz ergreift uns, wenn wir so viele staubige Brüder, verwahrlost und müde, auf ewiger Wanderschaft antreffen, schon ganz ohne Hoffnung, jemals die Ihrigen wiederzufinden.

Oft können wir mit einem Griff, einem einzigen Wort noch alles gutmachen: ein Trödler hat eine Bücherei aufgekauft und schlachtet sie nun aus; Band für Band bietet er für 50 Pfennige feil. Die Käufer stochern in dem Berg herum, an einem Dultstand etwa – und schon ist der dritte Band von Jakob Balde im Volksgewühl verlorengegangen. Gerade noch rechtzeitig fischen wir ihn heraus, da ist auch bereits ein Käufer, und noch einmal ist, vielleicht für ein Menschenalter, eine vollständige Ausgabe des Dichters gerettet.

Wüßten wir nur immer, wohin die tausend kleinen Liebenswürdigkeiten gehören, die uns da verloren und verstreut überall begegnen, Stammbuchblätter, handgemalte Bildnisse, Ansichten vom Haus der Großmutter, Erinnerungen an ernste und heitere Begebenheiten, Widmungen aller Art. Irgendeinmal hat ein rohes Schicksal oder eigne Gefühlskälte der Erben das holde Band zerrissen, das diesen Tausendkram mit seiner eigenen Welt verband.

Ein altes Lichtbild aus den achtziger Jahren, eine Gruppenaufnahme etwa, kann ungemein wertvoll sein, wenn wir wissen, daß sie den heute weltberühmten Dichter im Kreis seiner damaligen Freunde darstellt. Aber ohne diese Kenntnis bleibt nur der komische Anblick verschollener Zeiten übrig – und achtlos lassen wir das Blättchen wieder weitertreiben, wahrscheinlich für immer.

Ein gemütvoller Sammler, der nicht nur auf seinen Vorteil schaut, wird sich gelegentlich von dem oder jenem Stück trennen, um es dorthin zu schicken, wo es wirklich zu Hause ist. Undank ist meistens der Welt Lohn, aber ein ausgleichendes Schicksal spielt vielleicht auch uns einmal einen langgesuchten Bilderbogen zu – wir hören ihn geradezu aufatmen, wenn er wieder bei den Seinigen ist.

Transport

Muten Sie einem Geheimrat oder gar einem, der einer sein oder werden könnte, unter gewöhnlichen Umständen zu, ein handliches, nicht zu schweres Paket durch die Straßen der Stadt zu tragen: er würde empört sein. Bei seinem Bekanntenkreis! Wenn ihn ein Vorgesetzter, ein Kollege, gar ein Untergebener dabei sähe – unausdenkbar.

Erblicken Sie jedoch trotzdem einen würdigen älteren Herrn, der einen schlecht in Zeitungspapier verhüllten Gegenstand bei dreißig Grad Kälte mit klammen Händen schleppt oder der in Sommershitze eine staubige Riesenmappe, mit Kälberstricken verschnürt, mit zusammengebissenen Zähnen und mit einem Lächeln, das alle Menschen davon überzeugen möchte, das Ding sei leicht und bequem zu tragen, zwischen seinen Beinen herzerrt – dann können Sie darauf wetten, daß dies ein Sammler sei.

Wenn es niemand sieht, bleibt er stehen, stellt seine Last einfach auf die Straße, reibt sich die schmerzenden Finger und beginnt wieder, seinen wilden Kampf mit dem tückischen Objekt fortzusetzen, bis er endlich, je nach Witterung, schweißgebadet oder erfroren zu Hause landet.

Dann kommt der große Augenblick, das Auspacken – aber davon wollen wir jetzt nicht reden, das ist im wahrsten Sinn ein Kapitel für sich.

Der Sammler, der etwas erworben und, wie wir hoffen, bar bezahlt hat, wird es auch unter allen Umständen gleich mitnehmen wollen. Selbst aus der fremden Stadt, aus fernen Landen schleppt er es mit nach Hause, nur ungern überläßt er es der Post oder der Bahn zur Beförderung. Ich selbst habe im Jahre 1937, als mich ein glücklicher Zufall in das damals schier wie Tibet verbotene Land Tirol und von da ins Innere von Österreich entschlüpfen ließ, einen gewichtigen Stoß von Blättern, in einer Rolle verpackt, von Graz aus nach Gastein getragen und dann bei einem blitz- und donnerumschmetterten Alpenübergang über die Stein- und Eiswüsten des Sonnblicks. Auf dem Zittelhaus, 3106 m, bin ich noch einen Meter extra hoch gesprungen, als ich meine Schätze ausbreitete und sah, was für einen guten Kauf ich gemacht hatte.

Die Verbindung von Graphiksammlung und Alpinismus dürfte immerhin selten sein.

Montage

Montage – sprich Montasche – ist eine der wichtigsten Angelegenheiten des Sammlers. Auch dort, wo die Sammlung selbst (also etwa die erworbenen Blätter) keinerlei Format hat, die Rahmen, die Untersatzbogen, die Passe-par-touts haben ein Format. Und maßt nicht dieses greuliche Fremdwort sich an, für alles zu passen? Es müßte eigentlich Passe-par-rien heißen, denn jeder Sammler weiß, dergleichen paßt für gar nichts.

Ein Blättchen aus dem sechzehnten Jahrhundert – auf wie viele Prokrustesbetten mag es schon gespannt worden sein? Der erste Besitzer hat es funkelnagelneu erhalten und flugs in einen umfangreichen Sammelband geklebt, vielleicht haftet noch heute ein Restchen Siegelwachs oder Mehlpapp dran. Dann erwarb es ein zweiter und dritter, der Sammelband wurde zerteilt, neue Torturen erwarteten das kleine, wertvolle Stück Papier. Im Laufe der Jahrhunderte mag es verstaubt und verschollen sein, der Papierrand wurde abgestoßen, ein Wüstling beschnitt ihn: »mit Rändchen« steht jetzt im Katalog. Es kam auf einen schönen flaschengrünen Untersatzbogen, und Herr Biedermeier tat noch ein goldgeripptes Rähmchen darum. Aufgeklebt – abgelöst – berlico, berlaco, wer weiß, was so ein Blättlein alles mitgemacht hat! Zum Din-Format sind die Sammler bis heute nicht vorgedrungen, jeder hat seine eignen Maße. Jeder Verkauf und Neuerwerb ist also mit mehr oder minder heftigen Buchbinderarbeiten verbunden.

Die oberen Ecken des armen Dulders sind schon arg mitgenommen von lauter Klebefalzen, rohe und ungeschickte Hände haben das Papier beschädigt – wohl dem Blatt, das endlich in einer staatlichen Sammlung zur Ruhe eingehen darf. Aber die tausend andern, die noch unterwegs sind, im Fegefeuer gewissermaßen, was haben sie noch alles auszustehen! Als ob sie nicht schon gelitten genug hätten! Ein Privatsammler oder ein graphisches Kabinett hat sein Signet auf die Rückseite geschlagen, von der Größe eines Poststempels, daß man bei Betrachtung der landschaftlichen Vorderseite die Sonne oder den Vollmond zu erblicken meint, mit rätselhafter Spiegelumschrift. Ganz böse und dumme Menschen, die glaubten, sie wären die letzten und endgültigen Besitzer eines solchen Kunstwerks, haben es mit der ganzen Rückfläche auf einen Pappendeckel aufgezogen, eine handfeste Arbeit. Solch ein Blatt erwirbst nun du, neugieriger und ungeduldiger Unglückswurm! Mit allen Fingern zieht es dich hin, du kannst nicht warten, bis die kundige Hand des Fachmanns dir hilft, noch in der Nacht fängst du an zu kratzen und zu schaben – ein trügerischer Erfolg narrt dich, es scheint zu glücken, du wirst kühner und kühner: bis plötzlich eine dünne Stelle sich zeigt, ein Riß quer über den wasserfarbenen Himmel läuft – und wieder ist, diesmal durch deine ganz persönliche Schuld, ein schönes Stück zum Teufel, der auf diese Weise eine der bedeutendsten Sammlungen der Welt billig erworben hat.

Die Herrschaften auf anderen Gebieten sind nicht besser: oder wären nicht zahlreiche Briefmarken genauso zerschunden, Millionen Schmetterlinge dergestalt entwertet, kostbarste Gefäße zerbrochen und wertvollste Gemälde beschädigt worden? Aber da ist gut raten: Eile mit Weile! Der allzu stürmische Liebhaber kann's eben nicht erwarten, er klebt und wässert, er kratzt und hämmert, er putzt und biegt, er gibt keine Ruh, bis nicht das Stück in seine Mappe und Kästen paßt – oder hin ist.

Ganz blutige Anfänger, zu denen wir unsere Leser nicht zählen, fragen fassungslos, wie man es denn herausbringe, daß eine Zeichnung von Schwind, ein Porzellanfigürchen von Bustelli, eine Plakette von Flötner sei. Ja, so dumme Menschen gibt es! Wie bringe ich heraus, daß ein Goldfisch ein Goldfisch ist? Ich erkläre es mit Bestimmtheit, jedes Kind sieht es, daß das fragliche Lebewesen teils Gold und teils Fisch ist, niemand widerspricht, wäre ja auch gelacht, einwandfrei ein Goldfisch.

Die einfachen Fälle der Kunst sind, daher der Name, genauso einfach. Die Stilkunde geht in der Richtung vom Groben zum Feinen, die ersten zehn, zwanzig Stufen überspringt der Kenner mit einem Satz: er sieht ein holzgeschnitztes Engelsköpfchen, es ist nicht antik, romantisch, gotisch, nicht Renaissance. Auch nicht frühbarock. Jetzt beginnt schon das Gefühl aus dem Handgelenk: Es ist auch nicht mehr spätbarock, es ist Rokoko. Und nun fängt das Fingerspitzengefühl an: Welche Gegend, welcher Meister? Vorsichtig, wie der Kletterer im Fels und Eis, tastet der Fachmann vom sichern Griff aus ins Ungewisse, vom Beglaubigten ins Fragwürdige – und erlebt, wie der Bergsteiger, nicht selten, daß der von hundert Vorgängern benützte, fest scheinende Tritt abbricht und daß alte Theorien zusammenstürzen.

Aber im großen und ganzen kann man sich auf bestimmte Ausgangspunkte fest verlassen.

Jedem Laien wird verständlich sein, daß es kein Kunststück ist, rein stilkritisch und thematisch ein Blatt aus Rethels Totentanz festzustellen, wenn man zwei andere zuvor gesehen hat.

Wenn jedoch der Herr Geheimrat Wölfflin dem schlotternden Kandidaten einen Stoß unbezeichneter Abbildungen vorlegte und selbst in eisigem, finster äugendem Schweigen verharrte, wankten die kunstgeschichtlichen Grundbegriffe in allen Fugen: »Sagen Sie lieber gar nichts!« warnte der Gestrenge den Stotternden, »wenn Sie mir jetzt einen falschen Namen nennen, sehe ich, daß Sie von zweien nichts verstehen!«

Keine Druckgraphik!

Ein boshafter Mensch hat das Briefmarkensammeln ein Fortleben der Beamtenseele nach Dienstschluß genannt. Wir Sammler sind ja schutzlos, aber wegen Beamtenbeleidigung müßte man den Kerl packen können.

Immerhin hat auch mich dieses harte Wort davor gewarnt, Druckgraphik ernsthaft zu sammeln. Denn die beiden Gebiete grenzen dicht aneinander. Hier wie dort fehlt das mächtige Überraschen, das den Jäger auf der freien Wildbahn der Kunst so beglücken kann: Die Begegnung mit dem Einmaligen! Eine Handzeichnung gibt es so kein zweitesmal. Und wenn es auch ärgerlich sein kann, solch ein Blatt mit den Spuren einer langen Wanderschaft zu finden, mit Rissen und Wasserflecken, beschabt oder gar beschnitten: Es ist wie eine Persönlichkeit, wie ein Mensch, der seine Fehler hat und den man nehmen muß, wie er ist, um seiner großen Werte willen.

Die Radierung aber wie die Briefmarke unterliegen dem Vergleich; und ein knappes Rändchen, ein fehlender Zahn, ja, der kleinste Erhaltungsmangel entwerten sie um ein Vielfaches. Nicht so sehr das Fallen des Preises, oft ins Bodenlose, ist es, was mich dabei stören würde; sondern das niederträchtige Gefühl, daß jede Stund einer kommen könnte und sagen: »Ihr Schwarzer Einser ist ja ganz grau, Ihr Hundertguldenblatt leidet ja an Inflationserscheinungen – da schauen Sie einmal mein Exemplar an!«

Und nicht nur *sein* Exemplar – in jedem Katalog stehen sie, die Kabinettstücke und die brillanten Abdrucke!

Der Bilder-, der Zeichnungensammler aber ist ein Souverän; und wär's nur ein winziges Ländchen, in dem er herrscht.

Zwei Seiten

Ein Sammler erzählt: »Neulich habe ich in einem kleinen Laden ein Bildchen aus dem Winkel gezogen; wie ich's genau anschaue, ist es ein Spitzweg. Der gute Mann hat natürlich keine Ahnung davon gehabt. Nun, es war nicht gerade billig, aber für einen Spitzweg war es geschenkt!«

Der Händler erzählt: »Ich hab seit Jahren ein Bildl in meinem Laden herumfahren, das von weitem fast wie ein Spitzweg ausschaut. Immer wieder nimmt's einer in die Hand – und legt's wieder weg. Aber neulich ist ein Unbekannter gekommen, der hat weiter nichts wissen wollen, als was es kostet. Ich hab' vierzig Mark verlangt, er hat sie bezahlt und ist fort, hoffentlich auf Nimmerwiedersehen. Wenn einer auf eigne Gefahr durchaus einen Spitzweg entdecken will, soll man seinem Glück nicht im Wege stehen!«

Kopfrechnen schwach

Niemanden betrügt ein Mensch lieber und leichter als sich selbst. Der Schaden bleibt ja in der Familie! Und er muß nicht lang nach einem Dümmeren suchen!

Du willst drei Gegenstände für deine Sammlung kaufen. Einen sehr schönen um achtzig Mark, einen ganz netten um vierzig Mark und einen, dem du selber schon leise mißtraust, um zehn Mark. Du zückst schon den Beutel, um, nach Adam Riese, hundertunddreißig Mark hinzulegen. Laß dir raten, nimm nur das sehr schöne! Erstens sparst du dir viel späteren Ärger, zweitens kostet das sehr schöne Stück nur noch dreißig Mark! Denn die fünfzig, die du glatt hinausgeschmissen hättest, darfst du getrost abziehen!

Das ist ein Beispiel aus des Sammlers Hexeneinmaleins. Geben wir noch ein zweites:

Ich habe sieben Blätter gekauft. Sie sollten, einzeln gerechnet, 37,50 kosten; zusammen sind sie für 30 Mark gegangen. Das Hauptblatt, für 17 Mark angesetzt, kostet also nur noch 9,50 Mark; rund neun Mark – glatt geschenkt.

Bleiben noch die anderen sechs Blätter. Statt 37,50 habe ich für den ganzen Schwung 30 Mark bezahlt. Also, das Hauptblatt ist die 17 Mark wert, die es hätte kosten sollen. Kommen die sechs andern Blätter: 30 minus 17, auf 13 Mark, rund 12; das Blatt auf 2 Mark. Dabei ist eins, das wahrscheinlich ein Dillis ist, leicht zehn Mark wert. Bleiben also für fünf Blätter rund zweieinhalb Mark – so schlecht können sie gar nicht sein, daß sie das nicht wert sind.

Adam Riese würde staunen. Ich habe zwar keinen Kopf, um richtig Kopfrechnen zu können, aber die Stirn, zu behaupten, daß diese Mogelei einen Kern Wahrheit in sich hat; ja, daß diese falschen Rechnungen oft richtiger sind als die größten Meisterstücke der Arithmetik.

Natürlich bleibt's eine glatte Lüge, wenn der Sammler behauptet, das eine Blatt koste ihn neun Mark, die andern zwei aber gar nur vierzig Pfennige. Jedes Blatt kostet ihn im Durchschnitt $30 : 7 = 4,30$ Mark. Aber er hat das moralische Recht, alles ineinander hineinzurechnen, es ist ja seine Sache, wie er drauskommt.

Gefährlich werden solche Künste erst, wenn er entdeckt, daß er sich im Wert des Hauptblattes gründlich geirrt hat und auch die schlechtesten drei eigentlich doch keinen Pfennig wert sind.

Dann hilft er sich meistens damit, daß er verschiedene Käufe miteinander verkuppelt: (»Neulich den Kobell habe ich so preiswert erworben, daß ich getrost ...«)

Aber im Lauf der Jahre wird der günstig gekaufte Kobell so überlastet, daß er bei Gott nicht mehr billig ist.

Das ist dann freilich schon höhere Mathematik.

Der Laden

Der Laden ist die feste Burg des Händlers; ohne mich auf Strategie einzulassen, meine ich, der Laden verschaffe dem Händler die Vorzüge der inneren Linie.

Natürlich kann der Kunde durch beharrliches Nichthineingehen den Händler in seiner Burg aushungern. Er muß dann – und wir entsinnen uns solch verzweifelter Versuche wohl – einen Ausfall machen und, die Mappe wie ein Schild vor sich haltend, den Kunden in seiner Wohnung bestürmen.

Immerhin, der Ladenbesitzer hat den Vorteil, daß die Leute, die zu ihm kommen, etwas von ihm wollen. Er weiß sogar, daß sie ihn hereinlegen wollen, wie ja auch die Kunden wissen, daß sie, sagen wir, nichts geschenkt kriegen.

Es ist ein ewiger Wechsel: Seine Majestät der Kunde betritt den Laden. Es ist ein denkwürdiger Tag, so um einen schwarzen Freitag herum. Seine Augen suchen von oben herab den Geschäftsinhaber – er sieht ihn zuerst gar nicht an, *so* klein sind die Händler da. Aber die Hoffnung, etwas zu verkaufen, *bar* zu verkaufen und dadurch wenigstens einen Teil der rückständigen Ladenmiete zahlen zu können, läßt ihn, den Händler, nun doch auf Schulbubengröße emporwachsen. »Kann ich etwas sehen?« fragt der Kunde streng und teilt auch gleich mit, daß er wenig Zeit habe. Das bedeutet (und der Händler versteht's), daß er ohne Umschweife mit seinen besten Stücken herausrücken möge.

Aber zu einer Königlichen Hoheit kann's auch der Händler bringen, zu *anderen* Zeiten natürlich, wenn die Wogen des Papiergelds hochgehen und der Sammler sich wenigstens auf eine brüchige Eisscholle von Kunstbesitz retten möchte. Ach, jetzt, wo sie nichts mehr wert sind, schwimmt auch der Händler selbst in Hundertmarkscheinen . . .

Man kennt die Schüchternheit der Männer: Außer in einen Zigarrenladen trauen sich viele in kein Geschäft hinein. Auch unter den Sammlern gibt es solche Feiglinge. Vor allem um die großen feinen Antiquariate haben sie zeitlebens, meist sehr zu ihrem Schaden, einen weiten Bogen gemacht. Und doch konnte man gerade dort unwahrscheinlich günstige Gelegenheitskäufe machen.

Warum eigentlich die Frauen nicht sammeln, ist bei ihrem unersättlichen Drang, von Geschäft zu Geschäft zu pilgern und sich bis zum Weißbluten (des Personals) Waren vorlegen zu lassen, nicht recht einleuchtend.

Jedenfalls sind Antiquariate in der Regel ausgesprochene Männergeschäfte; die Ausnahme, daß eine Frau dort herrschend bedient, tut dem keinen Abbruch. Es ist gut, wenn der Händler selbst ein Original ist, aber es ist doch wichtiger, daß seine Sachen es sind. Die Läden sind Treffpunkte der Sammlerfreunde – Laufkunden zählen nicht, sie werden als Störung empfunden. Manchmal verdüstert der Neid, der Argwohn, der andre habe was gefunden, den idyllischen Frieden; aber wie viele einsame alte Junggesellen haben niemanden auf der Welt, zu dem sie auf ein Plauderstündchen gehen können, als einen dieser kleinen Händler, in Schwabing zum Beispiel, und den Kreis verständiger Männer, der sich dort einfindet.

Das kann so weit führen, daß sich die Grenzen völlig verschieben. Ein Fremder, der etwa in den kleinen Laden in der Fürstenstraße käme, wüßte nicht ohne weiteres, wer hier der Hausherr ist und wer seine Gäste sind. Die Stammkunden scheuen sich auch nicht, dem Händler ins Geschäft zu pfuschen. Da kommt etwa ein Mann, der was *ver*kaufen will. Gleich sind die Kiebitze da, um neugierig dem Handel zuzuschauen; sie geben ihr Gutachten ab, gerecht, oft genug zum Nutzen des Anbieters. Der Ladentisch wird zur Schlachtbank. Und kaum ist der arme Mann draußen, stürzen Händler und Kunden sich gemeinsam auf den Raub wie die Geier.

Ganz anders ist natürlich der *feine* Laden. Wir kleinen Sammler betreten ihn unter Schauern von Ehrfurcht und eigentlich ohne Hoffnung. Auf unsere zitternde Frage nach Handzeichnungen zelebriert uns (mit dem deutlichen Unterton, daß *wir* für solche Zimelien nicht ernstlich in Frage kämen) ein betörend schönes Fräulein oder der Herr Kardinal persönlich einen einsamen Rottmann, den wir aus der letzten Versteigerung von Dolch und Stich bereits kennen – und errötend, viele Entschuldigungen stammelnd, aus Takt gar nicht nach dem Preis fragend, ziehen wir uns zurück – so hab' ich mir das vorgestellt, sagt das Fräulein, aber natürlich *nur* mit den Augen.

Noch peinlicher wird die Sache, wenn der feine Laden gar kein feiner Laden ist. Wir hatten den schlichten Mut, zu erklären, das zelebrierte Stück sei uns zu teuer, oder gar, es sei uns nicht gut genug. Die Verkäuferin wird dringend, ja durchdringend, der so vornehm leere Raum füllt sich, auf geheime Zeichen vermutlich, mit Personen, die uns, mit allen süßen und bitteren Tönen, von unsrer Ansicht abbringen möchten. Der Chef eilt herbei, der Ladendiener vertritt uns den Ausgang – nur mit letztem Heldenmut retten wir uns ins Freie . . .

Aber, Scherz beiseite: Es gibt keinen Laden, vom feinsten bis zum geringsten, dem der echte Sammler nicht schon preiswürdige Schätze entrissen hätte.

Die Auer Dult – eine Legende

Nicht-Einheimische, um nicht geradezu Preußen zu sagen, die einen Hauch Münchner Geistes verspürt zu haben glauben, betrachten unsre Sammlung. »Na«, sagen sie mitleidig, als ob sie einen Taschenspieler entlarvt hätten, »das haben Sie natürlich alles auf der Auer Dult erworben!«

Leider müssen wir sie enttäuschen, wie ja auch die Auer Dult, jener dreimal im Jahr abgehaltene Tandlmarkt, uns seit einem Menschenalter enttäuscht hat. Ganz im Vertrauen: Wir gehen schon gar nicht mehr hin!

Der Fetzenmarkt in Graz, der Flohmarkt in Paris, die Bouquinisten am Seine-Kai, sie leben genau wie die Auer Dult von einem alten Ruhm, von dem uralten Märchen: Es war einmal!

Ja, früher! Da hat es noch »mehr Sach und weniger Leut« auf der Dult gegeben, da konnte einer ganz große Treffer machen, wo heute bloß noch die Nieten übriggeblieben sind. Aber daß der Himmel voller Stradivarius-Geigen gehangen hätte, daß man aus dem Rembrandtdunkel die strahlendsten Dinge ans Licht gezogen und im Trübner gefischt hätte, ist auch stark übertrieben.

Zerrissene Schuch und verschwitzte Leibl, die gab es freilich schon immer; und daß einer auf der Herbstdult einen Haufen dürrer Blätter findet, aber keine Dürerblätter; daß sich Fohrzeichnungen meist als Nachzeichnungen herausstellen und mancher Schwind als Schwindel – das sind so die Kalauer, die wir kleinen Sammler und Händler miteinander austauschen.

Meinetwegen, gehen Sie im Walde der Zelte und Buden so für sich hin, haben Sie ja nicht im Sinn, irgendwas zu suchen, dann kann es sein, dann ist es nicht ausgeschlossen, daß Sie irgendeinen fröhlichen Schund finden, lächerlich in jeder Hinsicht, also auch im Preis. Den nehmen Sie mit, mit dem seien Sie acht Tage glücklich, denn das ist die große Erwerbung von der Auer Dult.

Graben Sie in wilder Verzweiflung ganze Berge von Notenblättern, Lichtdrucken, Zeitschriften, Büchern und ölbemalten Leinwänden um, es wird Sie der nackte Hohn angrinsen. Stellen Sie sich einen unvorstellbaren Schund vor – dann haben Sie's! Aber gehen Sie drei Schritte weiter, und Ihr scharfes Auge erkennt zwischen Hosenträgern, Bruchbändern, Liliennixen und Trompetern von Säckingen ein verstaubtes Rähmchen. »Kann i des Buidl amoi sehgn?!« fragen Sie harmlos (möglichst in Münchner Mundart!), schauen es kurz, aber gründlich an, lächeln, als ob Sie Zahnweh hätten: »Was soi nacha des kostn?« – »Fünf Markl!« Dann legen Sie es hin und sagen: »Drei hätt i geb'n!« – »Sag'n ma dreifufzge!« Geben Sie nach, lassen Sie sich's in einen Fetzen Zeitung einwickeln, und erst wenn Sie um die Ecke sind, schauen Sie es mit der ganzen Inbrunst Ihres Herzens an: ein Fund!

Also doch!! Nur Geduld – es wird sich erst herausstellen, wenn Sie daheim sind. Der Rahmen fällt – wie eine Maske! Ihr Aquarell ist ein kolorierter Umrißstich, bei keinem Kunsthändler hätten Sie ihn sich aufhängen lassen. Aber Staub und Habgier trübten Ihren Blick, drei Mark (denn auch »Markln« sind Mark) und 50 Pfennige sind beim Teufel. Das Blättchen ist ganz nett, aber nicht mehr für Sie. Denn Sie macht es schamrot, es weiß, daß Sie es für was Besseres gehalten haben, es blinzelt Sie frechvertraulich an wie eine Zofe, die Sie im

Dunkeln geküßt haben. Pfui! Dachten Sie wirklich, die launische Dame Fortuna selber ließe sich so einfach...?

Was den Glauben an die Dult lebendig erhält, das sind die aufreizenden *Gerüchte*; wie bei den Isarfischern nebenan, deren erlahmender Eifer auch durch die Meldung aufgeputscht wird, soeben habe einer einen siebenpfündigen Huchen aus den Fluten der rauschenden Karwendeltochter gezogen. Also muß *doch* was drin sein!

Da hört man zum Beispiel, daß der Herr Riggauer fernab von den Antiquitätenreihen bei einem Kleidertrödler einen Spiegel von Effner gefunden und gegen einen nagelneuen eingetauscht habe, der dem Ahnungslosen viel lieber war; daß der Herr Bayerlein mit der Zehe an einen Stein gestoßen sei, der nur zum Festhalten einer Blache dagelegen habe – haargenau das Eck, das an einem Relief der staatlichen Sammlungen fehlt; und daß der Hofrat Pachinger ein gotisches Panzerhemd aufgestöbert habe, eine Rarität ohnegleichen. Man müsse nur die Augen aufmachen, hat der Spitzbub gesagt und natürlich den lieben Kollegen nicht verraten, daß er das kostbare Stück vor Jahr und Tag auf einer Versteigerung in Wien teuer erworben und selber auf die Dult mitgenommen hat. Die Sammlerfreunde aber, grün vor Neid, rot vor Zorn und blaß vor Aufregung, stürzen sich in die (Schlacht-)Reihen der Dult, vom Wahn beflügelt, es könne, wo einer das Hemd gefunden habe, die Hose nicht weit sein.

Wandlungen

Ein kleiner Händler hat bei einem noch kleineren Händler einen Pappendeckel gekauft mit ein paar ölfarbenen Flecken drauf. Um zwei Mark. Umgehend begibt er sich zu einem größeren Händler, dem er, dunkler Ahnung voll, daß das was Gescheites sein könnte, die Skizze um zehn Mark überläßt. Der Handel ist gerade abgeschlossen, da betritt der Sammler den Laden. Der größere Händler hat bereits eine hellere Ahnung, was das sein könnte. Da der Sammler erwiesenermaßen Ölbilder nicht mag, aber vielleicht einen guten Rat geben kann, zeigt ihm der größere Händler die Neuerwerbung. Der Sammler, höchst verdächtig und überraschender Weise, gibt weder Rat noch Urteil, sondern fragt nur, was das Ding kosten soll. Der Händler windet sich, er möchte es nicht gern gleich hergeben.

Zudem hat ja der Sammler gesehen, was er dem Kleinen bezahlt hat; gar zu viel darf er nicht aufschlagen.

Nach längerem Hin und Her erwirbt der Sammler, der nie Ölskizzen kauft, den Pappendeckel um dreißig Mark, die er auffallend schnell bezahlt. Fort ist er.

Der Sammler hat eine ganz helle Ahnung, ja geradezu die strahlende Gewißheit, daß er eine Studie von Marées gekauft hat, zu den rastenden Kürassieren.

Aber sowohl die Freunde des Sammlers wie auch seine Sammlerfreunde – was, wie wir wissen, zweierlei ist – dämpfen diese strahlende Gewißheit zu einer quälenden Zweifelsdämmerung. Ganz nett, sagen sie, aber kein Gedanke an einen Marées. Der Sammler trägt das Bild zu einem berühmten Fachmann, Museumsleiter, gutem Bekannten. Dieser, vielbeschäftigt, wirft einen kurzen Blick auf die Ölflecken und erklärt mit niederschmetternder Höflichkeit, daß er sich nicht entschließen könne, diese Flecken als von Marées herrührend anzuerkennen. Und entfernt den Besucher mit herzlichen Wünschen für sein Wohlergehen aus den Amtsräumen.

Der Sammler greift auf seine bewährten Grundsätze zurück, daß man aus schnöder Berechnung nichts kaufen solle, und stößt bei nächster Gelegenheit den Pappendeckel ab, heilfroh, ihn zum Einkaufspreis loszuwerden. Für die dreißig Silberlinge erwirbt er eine Handzeichnung, die er eigentlich nicht haben müßte – aber gegen das flüssige Geld ist er halt machtlos.

Gar nicht viel später betritt er den Laden des größeren Händlers (der beileibe kein großer Händler schlechthin ist) und wird mit einem geschmerzten Gruß empfangen, einem wehleidigen Glückwunsch zu dem guten Geschäft. Was für einem guten Geschäft? Erstaunen über Erstaunen: Der Herr Museumsleiter hat sich inzwischen doch zur Anerkennung der Urheberschaft der Farbflecken entschlossen, hat das Bild um achthundert Mark von einem großen Händler erworben und bereits in einer führenden Zeitschrift lichtvolle und unwiderlegbare Beweise dafür erbracht, daß es sich hier um den Entwurf zur ersten Fassung der rastenden Kürassiere handeln müsse.

Der Sammler greift, reuevoll und zu spät, auf seine noch bewährteren Grundsätze zurück, daß man seine ersten, genialen Erleuchtungen nicht in den Wind schlagen dürfe, und erwirbt unbedenklich kurze Zeit später ein romanisches Bronzekreuz, spottbillig, um fünfzig Mark, von dem er wittert, daß es echt ist. Und *wenn* es echt ist, dann ist's ein Fund, gegen den der Marées ein . . . aber es ist falsch, grundfalsch, und der Sammler besitzt es leider heute noch; er könnte es gradesogut wegwerfen.

Jungfräuliche Ware

Es sind keine moralischen Skrupel, die den Händler so großen Wert auf die »Jungfräulichkeit« seiner Ware legen lassen. Das tiefe Geheimnis, warum neue Sachen, soeben aus dem Dunkel des Privatbesitzes in das Licht des Kunstmarktes gerückt, auf den Käufer so großen Reiz ausüben, werden auch wir nicht entschleiern. Selbstverständlich, daß Überraschung, Hundsneid und Berechnung die Hand im Spiele haben. Das Gefühl, mit der Erwerbung auftrumpfen zu können, den Gegner, nämlich den lieben Sammlerfreund, zu süßsaurer Anerkennung zu zwingen, ist ein lebhafter Antrieb.

Aber auch die Gefahr reizt: Vor allem fremdem Urteil, auf sich selbst gestellt, Gewinn und Verlust als erster abzuwägen und sich zu entscheiden. Die Ware früher zu sehen als jeder andere, die erste Wahl zu haben, ist von größter Wichtigkeit. Noch besteht die Aussicht, daß der Händler sich selber nicht ganz im klaren ist, er wartet ja auch oft genug auf den ersten Eindruck, den seine Ware auf den Käufer macht. Gewiß, ein Stück kann für den ersten Sammler teurer sein, als es für den vierten, nach drei Ablehnungen, sein wird. Aber schon für den zweiten ist das Abenteuer vertan, er hat das bittere Gefühl, nur noch Reste vorzufinden.

Auch der Händler weiß das zu würdigen. Nie wird er zugeben, daß diese Blätter schon ein anderer Kunde gesehen hat. Aber der gewandte Sammler wird im Lauf eines längeren Gesprächs schon eine Falle zu stellen wissen, auf die er hereinfällt.

Natürlich gibt es Ausnahmen: Ein alter Ladenhüter, von jedermann oft betrachtet, erliegt dem plötzlichen genialen Blick einer glücklichen Stunde. Wochenlang lag der vermeintliche Umrißstich in der Mappe; siehe da, es ist ein Aquarell. Seit Jahren hing ein verstaubtes Bild hoch oben an der Wand; es kommt der Tag, an dem es entdeckt wird.

Nicht immer muß es der erste sein, der zuerst mahlt. Er hat einen schlechten Tag, er sieht nichts, er ist unschlüssig, abgebrannt – der zweite, der dritte holt die Beute mit sicherem Griff.

Aber in der Regel ist es doch anders. Das veni vidi vici ist auch des Sammlers Stern.

Der kleine Kunsthändler etwa hat einen Fang gemacht; er weiß nicht viel, aber er hat das Gefühl, daß es »was Gescheites« ist. Er braucht Geld, er setzt Schusters Rappen in Trab, oder er schwingt sich aufs Rad. Zu dir kommt er zuerst. Aber du bist, schreckliches Unheil, nicht zu Hause. An deiner Tür ist das Glück gestanden, eine Federzeichnung von Koch und ein Aquarell von Fries in der Mappe. Der Händler hätte die beiden Stücke als unbekannte Romantiker dir für äußerst siebzehn Mark überlassen. Sie sind jetzt eine Hauptzierde der Sammlung Dr. Geyers; dem Händler kannst du nicht einmal böse sein.

Das Schicksal kann sich zu tragischer Wucht steigern: Der Antiquar Füchsle hat dir – und vermutlich zehn andern – eine Karte geschrieben »offeriere freibleibend ...« und du stehst im Morgengrauen, ungefrühstückt, unrasiert vor seinem Laden, obwohl du gar keine Zeit hast. Du hast die Klinke schon in der Hand, du spürst es, du bist der erste, gleich werden sich die Wunder der Entdeckungen vor dir auftun. Da ruft dich ein Bekannter an, quatscht dich an – nun, immerhin stehst du ja auf Posten, drei Schritt neben der Tür. Wenn der Dr. Geyer oder der Oberst Humpler wirklich kommen sollte – du läßt den Eingang nicht aus dem Auge. Die ganze Straße ist leer. Ein Auto fährt vor. Ein junger Mann steigt aus. Er wird sich Zigaretten – nein: »Bitte!« sagt er, nicht ohne Schärfe, drin ist er im Laden, du verabschiedest hastig und wütend den Schwätzer. Zu spät. Herr Füchsle hat dem Herrn soeben den Umschlag mit den Neuerwerbungen vorgelegt. Als Kiebitz kannst du zuschauen, wie er, leider nicht ohne Sachkenntnis, ein halbes Dutzend Blätter auf die Seite legt.

Du selbst hast manchen Sieg errungen, aber was bedeutet das gegenüber einer so vernichtenden Niederlage: Ein Anfänger, ein Neuer, ein Unbekannter hat sie dir beigebracht.

Die Jungfräulichkeit der Ware kann, in übertragenem Sinne natürlich, durch die Jungfräulichkeit des Käufers ersetzt werden. Ein Stück, das jahrelang in München herumfuhr, wird in Berlin am ersten Tag verkauft. Ja, selbst innerhalb einer Stadt genügt es oft, daß ein anderer Händler das Stück hat – er bringt es an, ja, rätselhafterweise mitunter an einen Kunden, der es beim Vorbesitzer hatte liegenlassen, obwohl (oder weil?) es billiger war.

Schließlich aber gibt es jene unerträglichen, aufdringlichen

Stücke, die allmählich den hellen Zorn des immer wieder damit genarrten Sammlers hervorrufen:

In einer größeren Kunsthandlung schlummert ein auf dem Untersatzbogen genau als Nachahmung Rottmanns bezeichnetes Aquarell. Es ist von allen Kennern abgelehnt. Ein halbes Jahr später finden wir einen Rottmann im Angebot eines Frankfurter Händlers. Wir lassen es kommen – es ist unser Freund, bereits ohne Untersatzbogen. Drei Wochen später stürzt unser kleiner Schlepper aufgeregt herbei, er hat was ganz Rares! Natürlich! – Auf dringendes Befragen merkt man, daß das Blatt in der kurzen Zeit eine ganze Odyssee hinter sich gebracht hat. Ein dämonischer Wille, sich durchzusetzen, steckt in dem Blatt – und es wird eines Tages, schön gerahmt im Salon eines – nein, ich will niemanden beleidigen, keinen Stand und keine Gegend – jedenfalls, es wird!

Alte Schliche

»Herr Nagenrauft!« ruft der Gehilfe aufgeregt dem Chef zu, »in dem Pascal fehlen ja mindestens zehn Seiten!«

»Schreiben Sie in den Katalog: ›Nicht kollationiert!‹«

»Von dem Staatshämorrhoidarius von Pocci haben wir vier Stück. Soll ich die alle . . .«

»I wo! Tragen Sie drei ins Lager, eins tun Sie in den Katalog und schreiben: ›Kommt im Handel nur ganz selten vor!‹«

Verstellungen

Will sich der Kunde einen guten Abgang verschaffen, dann sagt er, daß er wahrscheinlich auf die Sache (und in den Laden) zurückkommen werde.

Er kommt *nie* wieder. Der Händler weiß es. Er hört es an dem schlechten Gewissen, das aus der Stimme des Flüchtenden klingt, er fühlt es am freundlichen Übereifer oder an der rückzugsichernden Hast, mit der jener die Tür in die Hand und Abschied nimmt.

Will aber der Händler einen Kunden loswerden, beispielsweise nur für den unerwünschten Augenblick, jetzt gerade, wo er im geheimen Gelaß lieben Besuch hat oder Würstchen kocht oder ganz einfach unlustig ist, verstaubte Mappen herbeizuzerren: dann sagt er, überzeugend und mit strahlender Verheißung: »Wissen Sie was, ich suche die Sachen zusammen und mache Ihnen eine Ansichtssendung!«

Der fremde, der auswärtige Kunde bekritzelt ein Stück Papier mit Namen, Anschrift und genauem Sammelgebiet – *keine* Druckgraphik setzt er dazu und unterstreicht es dick – und entfernt sich. *Nie* wird eine Ansichtssendung kommen.

Der Kunde weiß es. Er merkt es an der freundlichen Bereitwilligkeit, mit der dieser Vorschlag gemacht worden ist.

Aber es gibt eine stille Übereinkunft, an der beide Teile festhalten. Nur in ganz feinen Geschäften, die aber in Wirklichkeit keine sind, sondern einem Proleten gehören, wird dem ärmlich, aber sauber gekleideten Kunden auf den Kopf zugesagt, daß er ja doch nichts kaufe – und also hier auch nichts zu suchen, geschweige denn zu finden habe.

Die wirklich menschenkundigen Händler wissen, daß oft der Mann im schlichten Rock ungeheures Wissen, beispiellose Schätze besitzt und zu den unwahrscheinlichsten Opfern bereit ist.

Auch der kundige Kunde wird zu dem Antiquar nicht sagen: »Sie schicken mir ja doch nichts!« Denn er weiß, daß er's nicht erzwingen kann – und schließlich gibt er halt doch die Hoffnung nicht auf, daß er eines Tages ein gewichtiges Paket in Händen hält: es ist nichts unmöglich; denn nächst Gottes Wegen sind die des Kunsthandels die wunderbarsten.

Kataloge, Kataloge!

Angenommen, lieber Leser, Sie sind kein Sammler, dann ist es Ihnen wurscht, was das Antiquariat Herzl an alter Graphik auf Lager hat oder was an Nymphenburger Porzellan bei Ehrenmann und Lümple versteigert wird. Die Bücherlisten, die Ihnen unentwegte Optimisten ins Haus schicken, hoffend, in Ihnen einen geistig und finanziell »aufgeschlossenen« Mitmenschen zu finden, werfen Sie unbesehen in den Papierkorb, denn einen Brockhaus, einen Goethe und Schiller haben Sie schon, und die Bibliophilie zu übertreiben ist nicht Ihre Absicht. Ich könnte mit Engelszungen reden, nie würde ich die Lust Ihnen begreiflich machen können, die andere Menschen an Katalogen empfinden.

Vielleicht gelingt's mir doch! Stellen Sie sich vor, der Sklavenhandel blühte noch und Sie bekämen eines Tages von der Firma Ibrahim ben Hur & Co. in Aleppo ein Verzeichnis der Neueingänge – mit Abbildungen natürlich – und fingen an, drin herumzublättern. Ja, solch ein Katalog, dem Leporello-Album verwandt, müßte doch wohl einen Mann reizen! Aber auch der Fachmann ist leicht zu entfachen, wenn wir ihm die richtige Berufslektüre vorsetzen. Ein Sportfischer liest mit Begierde ein ellenlanges Register sämtlicher Kunstfliegen durch, er ist imstande, Ihnen allein von der Schwarzen Palme eine Stunde lang vorzuschwärmen. Und selbst der biedere Landwirt schwelgt in einem Verzeichnis von Garten- und Ackerbaugeräten, das Sie nach fünf Minuten zum Gähnen bringt.

Bleiben wir bei den Kunst- und Bücherkatalogen, diesem göttlichen Lesestoff der Sammler, Antiquare und Versteigerer! Da müssen wir freilich streng unterscheiden zwischen den *alten* und den *neuen* Katalogen.

Was ein rechter Sammler ist, der hat vor allem auch die alten Kataloge gesammelt, die Märchenbücher voll süßer Bitternis. Da sind die Verzeichnisse uralter, verschollener Lagerbestände und berühmter Versteigerungen, wir könnten sie alle mit Namen nennen: Lanna und Figdor, Hirth und Cichorius . . .

Die Wehmut ergreift uns, wenn wir darin blättern, wenn wir einen vierseitigen Brief Nietzsches noch 1901 um eine Mark unter Musikerautographen finden: »früherer Freund Richard Wagners«.

Nun, wir wollen nicht weich werden. Die alten Kataloge gehören zum Rüstzeug des Kenners; aber die *neuen* Kataloge, die uns nebst einer Zahlkarte auf drei Mark ins Haus geschickt werden, sind schon fast so was wie ein *Stellungsbefehl*.

Nachlässe

Um es kurz und gut zu sagen: die Witwe des Enkels des Malers Knillhofer (1802–1874) ist gestorben und die Urenkel haben die Speicher ausgeräumt; jahrelang haben sie schon auf diesen Tod gewartet, haben dann sofort an Herrn Füchsle eine Karte geschrieben, von der wir nur träumen dürfen, jene Karte, von der Herr Füchsle oft in den Münchner, Augsburger und Ingolstädter Zeitungen erklärt hat, sie genüge, um ihn unverzüglich, ausgestattet mit jenem Bargeld, das auch Leidtragende zu lachenden Erben macht, auf den Plan treten zu lassen.

Die Erben verstehen von der Kunst nichts, Herr Füchsle immerhin so viel, daß er tausend Mark hinlegt, ohne sich lang aufzuhalten. Ein paar Stichproben haben genügt, um ihn jenen freudigen Stich im Herzen spüren zu lassen, der – aber eilen wir zur Sache: Herr Füchsle gräbt zu Hause den ganzen Mappenberg um, den Staub läßt er liegen. An die Ladentür schreibt er: »Wegen Krankheit geschlossen!« Und es ist keine Lüge, er ist wirklich ganz kreuzlahm vor lauter Wühlen und Sichbücken. Und dann schreibt er seinerseits ein Dutzend Karten oder zwei, die auch genügen, seine Stammkunden sofort mobil zu machen – nur der Doktor Geyer war diesmal verreist, er ärgert sich hinterher, als wäre er zur Hölle gefahren.

Wer aber zur rechten Zeit kommt, findet Hunderte von Blättern, lauter Knillhofer. Er kennt diesen Knillhofer nicht, aber den Herrn Füchsle kennt er. Und beschwört, ja, bedroht ihn, zuerst einmal die *guten* Sachen herzuzeigen. Und unter diesen findet er, wenn er Glück hat, ganz hervorragende Blätter, die er mit gutem Grund nicht für Knillhofers hält; aber er schweigt natürlich, legt an die zwanzig Blatt heraus und fragt nach dem Preis.

Herr Füchsle rechnet so: Meine tausend Mark muß ich aus den hundertfünfzig besten Stücken herausschlagen; dann ist alles, was ich für den Rest von fünfhundert Blättern kriege, rein verdient. Er läßt aber, da es sich um einen Nachlaß handelt, auch über einen Preisnachlaß mit sich reden. Der Sammler geht und ist zufrieden. Er hat einen Fohr, zwei Rottmann, drei Fries und vierzehn Knillhofer erworben.

Drei Tage später schwimmt München in Knillhofer. Alle Händler, alle Sammler haben sich eingedeckt. Fürs nächste halbe Jahr wächst er einem zum Hals heraus – die guten Stücke sind natürlich weg, aber der Rest wäre an sich auch noch recht reizvoll, wenn er nur nicht von dem verfluchten Knillhofer stammte.

Bei dem oder jenem Händler erwirbt man trotzdem noch, aus zweiter Hand, ein gutes Blatt, ja, einmal erwischt man sogar noch einen Reinhold, der in Bausch und Bogen als Knillhofer mitgeschwommen ist. Dann aber wird es still; und ein Jahr später liegen bei Herrn Füchsle nur noch ein paar schäbige Reste herum, die wahrscheinlich nicht einmal Knillhofers Hauch gespürt haben.

Fünf Jahre darauf bekommt der Sammler einen Versteigerungskatalog von Köln. Und zwischen Kniep und Kobell findet er dreizehn Knillhofer angepriesen – und *wie* angepriesen! »Fast nicht im Handel!« steht da, und »Schöne Arbeiten des zu Unrecht verschollenen Künstlers«. Die italienische Ansicht aber, die im Katalog abgebildet ist, mein Gott, das ist ja das schäbige Blättchen, das vor drei Jahren noch beim Herrn Füchsle herumgefahren ist, weil es niemand mehr haben wollte. Wenn es einem in die Finger kam, lächelte Herr Füchsle wehmütig: »Wissen Sie noch?«

Übrigens kann einem dergleichen auch bei berühmteren Meistern unterkommen, es müssen keine Zeichnungen sein; auch von Autographen ist mitunter der Markt überschwemmt, oder von Bilderbogen und Steindrucken; dutzendweise taucht der und jener auf, in postfrischen Stößen liegen sie da – gar nicht mehr sehen kann man das Zeug. Aber der gewiegte Sammler macht es wie die Riesenschlange: Er würgt hinein, was er nur kann, denn er weiß: was heute wohlfeil ist, ist morgen teuer; und wenn Fortuna schon Perlen wirft, die vor die Säue kommen, versuchen wir selber einige zu erhaschen.

Mit einem Wort – Nachlässe soll man nie nachlässig behandeln!

Wunderliche Geschichte

Ludwig I. erwirbt als Kronprinz im Jahr 1817 einen Acker auf der Insel Milo; der Freiherr von Haller will dort die Reste des Theaters ausgraben – soweit der Marmor nicht schon von den unwürdigen Nachfahren der alten Hellenen zu Kalk gebrannt worden ist. Der Freiherr stirbt am Fieber, über dem Trümmerfeld wächst Gras, aber ein Franzose hört es wachsen, schaut ein bißchen nach und zieht die Venus von Milo ans Licht, die dort zweitausend Jahre geschlafen hat; das herrliche Frauenzimmer ist also gewissermaßen aus einem bayerischen Bett entführt worden; es steht im Louvre in Paris und nicht in der Glyptothek in München.

Aber das Tollste kommt noch: Der Franzose, es ist der Konsul Brest, verdankte die Entdeckung der Venus von Milo einem Traum! In drei Nächten sah er sich selbst an einer bestimmten Stelle der Insel die wunderbare Figur ausgraben, ehe er sich wachend entschloß, es zu tun. Der kostbare Fund wurde durch ein Kriegsschiff entführt und nach Paris gebracht. Träume mögen Schäume sein, aber vielleicht wurde die Schaumgeborne gerade deshalb so gefunden ...

Zusammenhänge

»Dummer Kerl, kannst net grad schneiden?!« schimpfte am 8. April 1431 der Meister Jörg Huber seinen Lehrbuben, der einen nagelneuen, noch druckfeuchten Einblattholzschnitt so schief mit der Schere abgezwickt hatte, daß der Bildrand wie gerupft aussah.

Im Jahre 1931 aber erzielte das Blatt (Unicum eines anonymen Meisters um 1420) auf der Versteigerung in Berlin wegen des kleinen Fehlers (angesetzter Papierrand rechts oben!) statt der 4000 Mark, die ein tadelloses Stück gut und gern erreicht hätte, mit genauer Not 1135 Mark. Man kann auf die Lehrbuben nicht genug aufpassen!

Ludwig Thoma

»Bayern hat viele Literaten, aber wenige Dichter hervorgebracht. Einer der markantesten ist Ludwig Thoma.« (Thaddäus Troll)

Ludwig Thoma:
Altaich
Roman

dtv

Ludwig Thoma:
Der heilige Hies
Bauerngeschichten

dtv

Ludwig Thoma:
Der Münchner
im Himmel

dtv

Ludwig Thoma:
Lausbuben-
geschichten
Aus meiner Jugendzeit

dtv

Jozef Filsers Briefwexel
dtv 20

Altaich
Eine heitere
Sommergeschichte
dtv 132

Der heilige Hies
Bauerngeschichten
dtv 201, 2516/großdruck

Der Münchner
im Himmel
Satiren und
Humoresken
dtv 323

Der Wittiber
dtv 446

Lausbubengeschichten
dtv 997, 2509/großdruck

Tante Frieda
Neue Lausbuben-
geschichten
dtv 1058, 2532/großdruck

Peter Spanningers
Liebesabenteuer
Kleinstadtgeschichten
dtv 1096

Andreas Vöst
dtv 1292

Oskar Maria Graf
»der bayerische Balzac«

Oskar Maria Graf:
Kalender-
geschichten

dtv/List

Oskar Maria Graf:
Die Chronik
von Flechting
Ein Dorfroman

dtv

Kalendergeschichten
dtv 1384

Die Chronik von
Flechting
Ein Dorfroman
dtv 1425

Unruhe um einen
Friedfertigen
Roman
dtv 1493

Die gezählten Jahre
Roman
dtv 1545

Oskar Maria Graf:
Unruhe
um einen Friedfertigen
Roman

dtv

Oskar Maria Graf:
Die gezählten Jahre
Roman

dtv

Wir sind Gefangene
Ein Bekenntnis
dtv 1612

Der harte Handel
Ein bayrischer
Bauernroman
dtv 1690

Anton Sittinger
Roman
dtv 1758

Das Leben meiner
Mutter
dtv 10044

Geschichten, die das Leben schrieb dtv großdruck

Anne Morrow Lindbergh: Die Hochzeit

dtv-großdruck

dtv 2510

Leo Slezak: Mein Lebensmärchen

dtv-großdruck

dtv 2511

Carl Zuckmayer: Auf einem Weg im Frühling Erzählung

dtv-großdruck

dtv 2518

Walter Erich Schäfer: Kleine Wellen auf dem Fluß des Lebens Meine Geschichten

dtv großdruck

dtv 2547

Rudolf Hagelstange: Der sächsische Großvater

dtv großdruck

dtv 2553

Richard Seewald: Das griechische Inselbuch Aufzeichnungen eines Malers

dtv großdruck

dtv 2536

Freude für jung und alt
dtv großdruck

Ernst Heimeran:
Christiane und Till
dtv 2502
Lehrer, die wir hatten
dtv 2535

Konrad Lorenz:
Er redete mit dem Vieh,
den Vögeln und den Fischen
dtv 2508

Ludwig Thoma:
Lausbubengeschichten
dtv 2509
Der heilige Hies
dtv 2516
Tante Frieda
dtv 2532

Eduard Mörike:
Das Stuttgarter
Hutzelmännlein
dtv 2513

Heinz Heck:
Elefant und Regenwurm
dtv 2521

Eugen Roth:
So ist das Leben
dtv 2529

Siegfried von Vegesack:
Spitzpudeldachs
dtv 2538

Hinterm Ofen zu lesen
Hrsg. von Maria Friedrich
dtv 2541

Unterhaltsame Stunden
mit Romanen
im dtv großdruck

Una Troy:
Mutter macht
Geschichten
Roman

dtv großdruck

dtv 2503

Heinrich Spoerl:
Der Maulkorb

dtv-großdruck

dtv 2505

Robert Kimmel Smith:
Das Glück hat
eine rosa Masche
Roman

dtv-großdruck

dtv 2517

Heinrich Spoerl:
Wenn
wir alle Engel wären
Roman

dtv großdruck

dtv 2527

Heinrich Spoerl:
Der Gasmann
Ein heiterer Roman

dtv großdruck

dtv 2539

Siegfried Lenz:
Es waren
Habichte in der Luft
Roman

dtv großdruck

dtv 2551